U0274483

合伙人制度

中小企业股权设计与资本规划

郑指梁 著

清华大学出版社
北京

内 容 简 介

本书主要讨论中小企业的顶层设计和机制设计问题，聚焦于股东议事规则及控制权设计，规避"兄弟式合伙，仇人式散伙"的悲剧；致力于"由虚至实"的动态合伙机制设计，让员工为自己干，用利益激发人性，达到"合心合力合创"之目的；落地于业财融合及税务筹划设计，用数据去经营，以经营促管理，做一个"政治站位高、懂法守法"的企业家；圆梦于企业上市的资本规划设计，筑牢"以终为始"的思路，把企业做成既值钱又赚钱的公司，最终实现共同富裕。

图书在版编目(CIP)数据

合伙人制度：中小企业股权设计与资本规划 / 郑指梁著 . —北京：清华大学出版社，2022.5(2023.10重印)

ISBN 978-7-302-60457-0

Ⅰ . ①合…　Ⅱ . ①郑…　Ⅲ . ①中小企业－合伙企业－企业制度－研究－中国　Ⅳ . ① F279.243

中国版本图书馆 CIP 数据核字 (2022) 第 051322 号

责任编辑：施　猛
封面设计：熊仁丹
版式设计：方加青
责任校对：马遥遥
责任印制：宋　林

出版发行：清华大学出版社
　　　　　网　　　址：http://www.tup.com.cn，http://www.wqbook.com
　　　　　地　　　址：北京清华大学学研大厦 A 座　　　　　邮　　编：100084
　　　　　社 总 机：010-83470000　　　　　　　　　　　邮　　购：010-62786544
　　　　　投稿与读者服务：010-62776969，c-service@tup.tsinghua.edu.cn
　　　　　质 量 反 馈：010-62772015，zhiliang@tup.tsinghua.edu.cn
印 装 者：三河市东方印刷有限公司
经　　销：全国新华书店
开　　本：170mm×240mm　　　**印　张：**17　　　**字　数：**270 千字
版　　次：2022 年 5 月第 1 版　　**印　次：**2023 年 10 月第 6 次印刷
定　　价：98.00 元

产品编号：095995-01

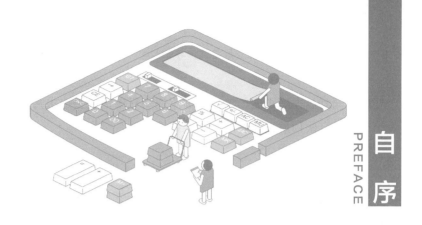

以心换心，成人达己

6年来，我与我的团队，走过全国50多个城市，为300多家企业提供专业的、能够落地的合伙人制度解决方案。在战争中学习战争，在实战中淬炼队伍，我感慨万千，收获良多。

我们的大部分客户为中小企业，它们决策高效、机制灵活，但因为缺少顶层的设计、财税的筹划、风险的预防，这些企业老板只顾一腔热血往前冲，但往往事与愿违。而大公司的商业模式、股权架构、合伙类型、控制权设计并不一定适合中小企业，最终中小企业老板只能在摸索中成长，在吃亏后成熟。

基于此，结合这么多年积累的真实案例编写本书，旨在让中小企业老板能站在前人的肩膀上，少走弯路，同时能向大公司学习，找准自己的机会。

这是我编写本书的初衷。

本书内容是按照企业从初创到上市这一条主线展开的。

老板创办企业前，首先应确定企业的类型，是成立一家公司还是以个体工商户形式开展经营？是成立个人独资企业还是成立合伙企业？是设立子公司还是设立分公司？这些均属于持股形式设计的内容。

当然公司是最主要的企业形式。确立了企业类型，老板又面临新的问题：企业注册资金多少才合适？法定代表人如何产生及罢免？股权比例分配有哪些注意事项？

对于股权比例，我要告诉大家的是：67%、51%、34%及10%的股权比例都是有意义的，但比股权比例更重要的是股东之间的信任及价值观趋同，表现为

"要用共同利益去追求兄弟情谊，而不要用兄弟情谊去追求共同利益"。

因此，合伙顶层设计有助于共绘奋斗蓝图。

这是本书第一章的内容。

股东勠力同心，砥砺前行，企业度过了生存期，开始盈利，但股东内斗也初现端倪。

股东内斗的主战场在股东会，如果企业有兼职股东或外部股东，内斗可能更加严重。因此，股东议事规则至关重要，股东要在发展方向、分工合作、治理结构、退出机制等方面达成共识。

没有共识，管理就只能是强制的，是冷冰冰的。

股东会的召开是有一定的法定流程的，包括开会的通知、召集顺序及送达地址等内容。可惜不少老板对此了解甚少。

在实操中，企业老板只有在股东内斗时才会想起公司章程的重要性，但为时已晚。所以老板要利用持股比例超过67%时的优势地位，对公司章程进行个性化设计。

其实，除了公司章程外，还有其他5种控制公司的手段，即一致行动人协议、投票权委托、AB股架构、双层公司架构及有限合伙企业架构。

总之，老板可以让渡利益，但要将控制权牢牢把握在自己的手中。

因此，合伙治理决定游戏规则。

这是本书第二章的内容。

将股东层面的问题解决好后，才轮到机制建设。合伙人制度就是一种机制，而合伙的首要问题是解决为谁干的问题，最终才能合力、合心。

如何解决合伙的首要问题呢？"顺人性且由虚至实"设计是可行的途径，我理解的"顺人性"就是："大部分人是因为看见才相信，而少数人是因为相信才看见。"

正因为人性使然，所以我们要"由虚至实"设计合伙方案，具体分三步走：

首先，做好销售人员激励，让销售人员在企业的收入最高，打造具有狼性的销售队伍。于是，我提出针对销售人员的三种激励模式。

这是"开源"的意义！

其次，做好虚拟合伙。参考华为的"虚拟受限饱和股"、乔家大院的"身股"激励，我提出虚拟合伙的九步法。这九步法大家一学就会。

在合伙方案逐渐推进过程中，大家要掌握一项原则：先用虚拟合伙把内部"奋斗者"或"贡献者"选拔出来，经过革命考验后再做实股激励。

最后，做好实股合伙。老板有格局及胸怀，想把股权给员工，实现共同富裕，但面临5个要解决的问题：

一是时间点选择问题；

二是采取何种持股形式问题；

三是公平性问题；

四是退出问题；

五是动态调整问题。

如果解决不好这5个问题，可能会出现"激励一些人而激怒另一些人"的窘境。

对此，我提出实股合伙的六步法，这些方法都是基于实践经验的总结。我认为，一个好方案的检验标准是简单易懂、可操作，让没接触过合伙模式的员工都能听得懂，即"大道至简"。

总之，实股激励是老板的"核武器"，使用时要慎之又慎，毕竟它是老板手上的"底牌"，试想，如果连实股激励都失效了，还有什么工具能激励员工呢？

因此，合伙机制决定长治久安。

这是本书第三章的内容，也是本书的重点。

我认为，一个合伙项目要成功，离不开三个因素：一是完备的绩效；二是透明的财务；三是合理筹划税务。

绩效与实股激励的解锁或行权条件相关。

常言说得好：公开是一种规则，透明是一种境界。

财务透明性的基础是规范性，资金合法及人身安全是最重要的，毕竟钱是身外之物。

税收筹划与持股平台的设计、股权转让的设计、投入资本退出的途径等息息相关。

其中，持股平台以哪种形式存在(是自然人，还是公司，或是合伙企业)，直接决定了后面的分红及退出的税务成本，因此老板一开始就要筹划好。

股权转让时有哪些节税的办法？老板年薪到底多少合适且税务成本是最低的？这些基于合伙而衍生出的税务问题如果筹划得当，能够节省不少成本。

这是"节流"的价值！

但税务筹划一定要基于企业真实的业务发生，并提前在顶层设计中统筹考虑。

那为何要做创业资本退出的设计呢？因为创业是有很大风险的，阶段性改善生活是可取的。我提出开除退出、投资退出及减资退出的三种资本退出方式。

因此，合伙财税助力方案落地。

这是本书第四章的内容。

只有合伙人制度与资本无缝对接，才能解决合伙的"流动性"问题，即"流水不腐，户枢不蠹"。

而外部流动性在资本市场上的表现主要有两个方面，即定价与交易。

定价涉及公司估值问题，无论是对内合伙还是对外投资，都离不开公司值多少钱的问题。于是就有了投前估值与投后估值的概念，笔者在书中介绍了6种可行的估值方法。

总之，拿钱有底，估值有数。

交易与资本市场密不可分。我认为，机制是"加法"，而资本是"乘法"。

随着2021年11月北交所的开市，中小企业又多了一条上市的路径。上市是中小企业形成竞争壁垒、吸引人才、股权增值的必由之路。

所以，要"以终为始"来设计合伙模式，这里的"终"就是指对接资本市场。具体来说，企业在商业模式上要具有"专精特新"的特征，在上市前要完成股份制改制。对此我会分享如何通过十步法把企业打造成既值钱又赚钱的公司。

因此，合伙资本决定股权溢价。

这是本书第五章的内容。

本书与我的前两本书《合伙人制度——有效激励而不失控制权是怎样实现的》和《合伙人制度——以控制权为核心的顶层股权设计》具有互补性，但本书所聚焦的中小企业合伙人制度设计，更加注重实操和落地。

本书逻辑清晰，涉及财务、税务、投资知识，读起来可能有点吃力，这可能与我的理工科及财务背景有关，但这些确实对大家有所帮助。

感谢我的妻子郑璐的支持及付出。感谢清华大学出版社施猛先生，他为本书的成稿提供了多方面的帮助。特别感谢与我们合作的客户们，是他们成就了我们！我深知，咨询业是一个需要不断迎接挑战的行业，唯有不断学习、持续精进，才能与时俱进、不负韶华！

大家可以关注我的微信公众号——合伙人课堂，那里有与本书配套的20集视频课程，还有线下的公开课、线下的咨询项目展示及每周更新的原创文章。

郑指梁

2022年3月8日于杭州

作者邮箱：2311581453@qq.com

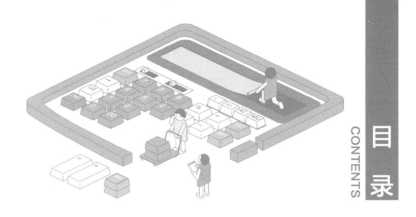

第一章 合伙初创设计
——以终为始，从故得新

第四章　合伙财税基础
——数字经营，业财融合

合伙初创设计

——以终为始，从故得新

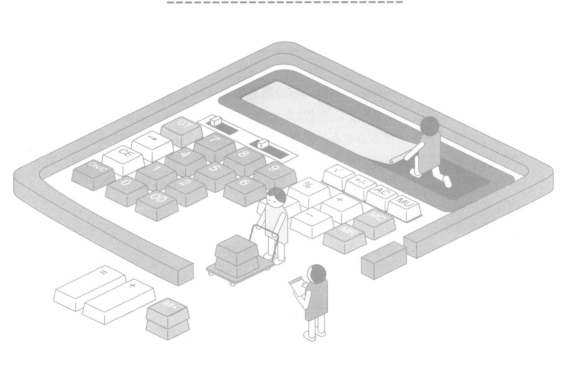

俗话说得好："良好的开端是成功的一半。"

老板创办企业前，首先应确定企业的类型，是成立一家公司还是以个体工商户形式开展经营？是成立个人独资企业还是成立合伙企业？是设立子公司还是设立分公司？

确立了企业类型，老板又面临新的问题：投入多少注册资金合适？由谁担任法定代表人？股东持股比例如何分配？

如果创业者没想明白这些问题，就成立新公司，可能导致以下后果：一是兄弟式合伙，仇人式散伙；二是控制权之争，把"孩子养大，叫别人爹"；三是税务成本过重，后期尝试调整架构，但已无力回天。

所以从某种意义上来说，选择比努力更重要。这个选择就是一个企业的顶层设计，它始于企业创立之初。

第一节
企业有多少种类型

如果你开始创业，首先面临的一个问题是采取何种企业类型。例如，张三打算经营一家水果店，资金预算：房租5万元/年，招聘1名学徒，工资5万元/年，合计10万元/年。另外，顾客基本不开发票，请问张三创业时应选择何种企业类型？

再比如，李四离职前为一家建筑施工企业的工程师，累积了大量的客户，准备出来单干了，而他的客户基本上为大型的国企，需要开具增值税发票，请问李四选择何种企业类型去创业？

根据我国相关法律规定，企业类型主要包括个体工商户、个人独资企业、合伙企业、有限责任公司、股份有限公司，如图1-1所示。

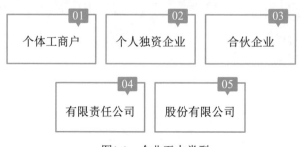

图1-1　企业五大类型

一、个体工商户

说到个体工商户，大家都不陌生。例如，我们身边的小旅馆、水果店，平常吃饭的小餐馆等，这些以个人为单位从事工商业经营的企业，都是个体工商户。

(一) 个体工商户的定义

《中华人民共和国民法典》规定，自然人从事工商业经营，经依法登记，为个体工商户。个体工商户有自己的字号，如××贸易商行、×××经营部、×××食品站。

2011年，国务院颁布了《个体工商户条例》，并于2016年进行了修订。

(二) 个体工商户在哪里登记注册

个体工商户在当地市场监督管理局注册，其营业执照如图1-2所示。

图1-2 个体工商户营业执照

个体工商户营业执照与公司营业执照有明显不同，那就是个体工商户营业执照上有经营者的名称，但没有法定代表人的名字。

举个例子，有三个人一起创业，成立了一家公司，那么这三个人都可以实名登记为股东，且营业执照中有法定代表人的"字样"。

而个体工商户只能登记一个人的名字，只有经营者概念，没有股东概念，另外两个人只能做"幕后英雄"。

(三) 为何选择个体工商户

成立个体工商户相对简单，不要求必须办理对公账户，一个人说了算，决策高效，且注销较容易。

个体工商户的五大好处如图1-3所示。

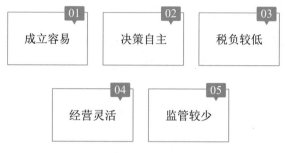

图1-3　个体工商户的五大好处

(四) 个体工商户需要缴纳哪些税费

个体工商户主要涉及的税种包括增值税、增值税附加及个人所得税，但不需缴纳企业所得税，如图1-4所示。

图1-4　个体工商户主要缴纳三种税费

1. 增值税

以年销售额500万元为界限，增值税纳税人分为小规模纳税人及一般纳税人。对于小规模纳税人，月销售额未超过15万元(季度销售额未超过45万元)的，免征增值税。

2. 增值税附加

根据财税〔2019〕13号的规定，对个体工商户的增值税附加可以减半征收。

3. 个人所得税

在实操中，对个体工商户的个人所得税有三种征收方式，分别是查账征收、双定征收及核定征收，如图1-5所示。

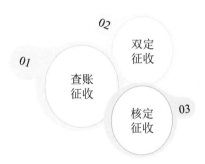

图1-5 个体工商户的三种征税方式

(1) 查账征收。查账征收指纳税人依据会计账簿记载，先自行计算缴纳，事后经税务机关查账核实，如有不符时，可多退少补。

一般来说要有健全的会计账簿，按"收入-成本费用"缴纳个人所得税。而个体工商户收入属于"生产经营所得"，适用5%～35%的五级超额累进税率，如表1-1所示。

表1-1 个体工商户经营所得税率表

级数	含税级距	税率	速算扣除数
1	不超过30 000元	5%	0
2	超过30 000元到90 000元部分	10%	1500
3	超过90 000元到300 000元部分	20%	10 500
4	超过300 000元到500 000元部分	30%	40 500
5	超过500 000元部分	35%	65 500

请大家思考一下：如果个体工商户经营所得超过50万元，适用35%的税率，有什么办法降低税务成本？

(2) 双定征收。双定征收指定期定额征收个人所得税。例如早上的流动包子铺，税务机关不管店主每月赚多少，就按一定的金额核算他的个人所得税，例如每月固定100元。

(3) 核定征收。核定征收指由于纳税人的会计账簿不健全，资料残缺，难以查账，或者由于其他原因难以确定纳税人应纳税额时，由税务机关依据相关法规采用合理的方法依法核定纳税人应纳税款的一种征收方式。

通俗一点儿来讲，就是税务机关按照你的收入来核定你的利润，一般是收入的0.5%～2.0%，例如个体工商户经营所得收入为10万元，就按500～2 000元缴纳个人所得税。

(五) 个体工商户能否转为公司

已登记注册的个体工商户，在目前生产经营条件的基础上，已形成较大规模，并有转型升级为公司意愿的，且同时符合图1-6中五大条件的，可以申请办理"个转企"。

图1-6　个体工商户转为公司的五大条件

(六) 关于注册个体工商户的总结

目前，国家收紧个人独资企业及合伙企业的核定征收，但个体工商户涉及面广，这个政策会缓一缓执行，因此是一个好机会，笔者建议老板名下有一个个体工商户，方便处理一些业务。总之，早设立，早受益。

笔者总结了注册个体工商户的四大特征，如图1-7所示。

图1-7　注册个体工商户的四大特征

二、个人独资企业

(一) 个人独资企业的定义

个人独资企业指依照《个人独资企业法》(注：1999年8月通过)在中国境内设立，由一个自然人投资，财产为投资人个人所有，投资人以其个人财产对企业债务承担无限责任的经营实体。

个人独资企业的营业执照如图1-8所示。

图1-8 个人独资企业的营业执照

个人独资企业一般以"厂、店、部、中心、工作室"等作为其名称后缀。

(二) 个人独资企业的用途

笔者概括了个人独资企业的三大用途，分别是持股、经营及变现[①]，如图1-9所示。

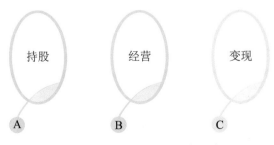

图1-9 个人独资企业的三大用途

---

① 本书所说的"变现"指企业主把企业资金合规地转为个人持有资金的操作方法。

1. 持股

个人独资企业可以成为有限公司的股东，如图1-10中杭州公司下的股东形式。请大家思考一下，个体工商户能否成为有限公司的股东呢？

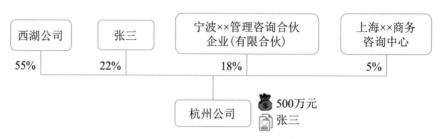

图1-10　个人独资企业的持股形式

2. 经营

如果用个人独资企业对外经营，则大概率地会向当地的税务机关申请核定征收税务政策，但存在一定的涉税风险。

1) 核定征收

根据《国务院关于个人独资企业和合伙企业征收所得税问题的通知》(国发〔2000〕16号)规定："自2000年1月1日起，对个人独资企业和合伙企业停止征收企业所得税，其投资者的生产经营所得，比照个体工商户的生产、经营所得征收个人所得税。"

因此，个人独资企业比照个体工商户的"生产经营所得"应税项目，适用5%～35%的五级超额累进税率，计算征收个人所得税。

应纳所得税额=应纳税所得额×适用税率应纳税所得额

=收入总额×应税所得率

根据国税发〔2008〕30号的规定，对各行业的应税所得率规定如表1-2所示。

表1-2　我国各行业应税所得税率表

行业	应税所得率/%
农、林、牧、渔业	3～10
制造业	5～15
批发和零售贸易业	4～15
交通运输业	7～15
建筑业	8～20

（续表）

行业	应税所得率/%
饮食业	8～25
娱乐业	15～30
其他行业	10～30

但在执行过程当中，各地税务机关对应税所得率的区间界定不同，自由裁量权过大。因此，自2018年以来，各省级税务机关出台文件，要求按最低标准确定各行业应税所得率执行，例如上海税务机关批准核定征收率为10%，如图1-11所示。

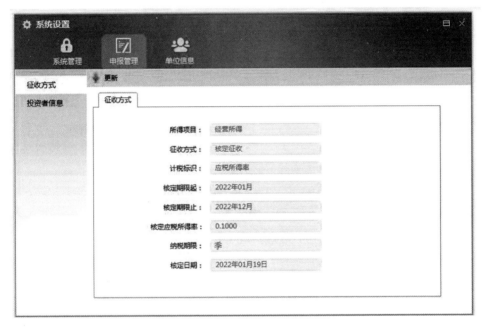

图1-11　核定10%的应税所得率

案例1-1　某网红成立个人独资企业的工作室，税负为3.10%

某网红张三年收入为480万元(含税)，成立一家个人独资企业性质的工作室，当地税务机关批准的应税所得率为10%(注：属于服务业)。

首先分析一下张三通过个人独资企业对外获得经营所得的商业模式，如图1-12所示。

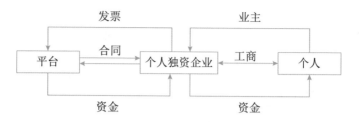

图1-12　个人独资企业的收款及开票流程

可以看出，个人独资企业的合同流、发票流及资金流，三流一致。

其次，我们来计算某网红缴纳多少个人所得税及增值税。

(1) 个税。

收入总额=4 800 000-4 800 000×3%/(1+3%)≈4 660 194.17(元)

应纳所得税额=4 660 194.17×10%=466 019.42(元)

实际缴纳个人所得税=466 019.42×30%-40 500≈99 305.83(元)(参考表1-1的税档)。

(2) 增值税。

张三年收入未超过500万元，为小规模纳税人，税率为3%，但疫情期间减按1%征收；另外，增值税附加税减按6%征收。

实际缴纳增值税=4 660 194.17×1%≈46 601.94(元)

实际增值税附加=46 601.94×6%≈2796.12(元)

因此，张三综合税负率=(99 305.83+46 601.94+2796.12)/4 660 194.17≈3.19%，如表1-3所示，与张三按"工薪所得"的45%税负率相比，节税超过了93%！

表1-3　某网红采取个人独资企业纳税后的税负率

开票金额(含税)/元	开票金额/元(不含税，税率3%)	核定税率	核定利润/元	个税税率	速算扣除数/元	实际缴纳个税/元	增值税(1%)/元	附加税(小规模减半)/元	综合纳税/元	综合税负率
4 800 000	4 660 194.17	10%	466019.42	30%	40 500	99 305.83	46 601.94	2796.12	148 703.89	3.19%

当然，张三的工作室要有真实的业务发生，否则就是虚开发票。

2) 涉税风险

2021年7月，上海对新设的个人独资企业取消了核定征收，对已存在的个人独资企业用三年时间过渡到查账征收，并且对年销售额超过500万元的企业也取消核定征收的政策。

案例1-2 雪梨、薇娅通过个人独资企业偷逃税款

2021年11月，杭州市税务局针对网红雪梨、林珊珊偷逃个人所得税的行为进行了通报，通报指出，这两人通过设立多家个人独资企业虚构业务，将个人工资薪金和劳务报酬所得转换为个人独资企业的经营所得。最终这两人被追缴税款并处罚款共计9322.56万元。

2021年12月，杭州市税务局针对"网红一姐"薇娅偷逃个人所得税进行了通报，通报指出，薇娅通过注册个人独资企业，将个人工资薪金和劳务报酬所得转换为个人独资企业的经营所得来避税。最终薇娅被追缴税款并处罚款共计13.41亿元。

为何网红主播的收入属于"劳务报酬"，而不是"经营所得"呢？这主要与下面出台的重磅文件有关：

2021年4月23日，国家税务总局会同七部门联合发布《网络直播营销管理办法(试行)》，第二条规定：本办法所称直播营销人员，是指在网络直播营销中直接向社会公众开展营销的个人。

文件清晰地表明，网红主播带货属于个人行为！

那么"劳务报酬"与"经营所得"有何区别呢？笔者概括为4个方面，如表1-4所示。

表1-4 劳务报酬与经营所得的区别

内容	区别	
	劳务报酬	经营所得
定义不同	个人独立从事劳务活动而取得的所得	有稳定的机构场所、持续经营且不是独立的个人活动而取得的所得
税率不同	并入综合所得，按照3%~45%交个人所得税	不并入综合所得，单独按照5%~35%交个人所得税
缴纳模式不同	按照20%~40%的税率由支付方预扣税款，年末汇算清缴	由纳税人在月度或季度终了后15天内向税务机关报送纳税申报表，并于次年3月31日前办理汇算清缴
能否核定征收	不能	能

根据税法规定，对不能正确建账纳税的个人独资企业，由税务机关进行核定征收，所以核定征收是一种合法的税收管理方式。

根据《关于个人独资企业和合伙企业投资者征收个人所得税的规定》(财税〔2000〕91号)第7条规定，有下列情形之一的，主管税务机关应采取核定征收方式征收个人所得税：企业依照国家有关规定应当设置但未设置账簿的；企业虽设置账簿，但账目混乱或者成本资料、收入凭证、费用凭证残缺不全，难以查账的；纳税人发生纳税义务，未按照规定的期限办理纳税申报，经税务机关责令限期申报，逾期仍不申报的。

但是现实中，该条规定却被高收入群体做避税之用，同时也成了很多地方政府招商引资的政策，这就明显曲解了立法本意！

3. 变现

案例1-3　创始人如何通过个人独资企业减持股份并获得现金近500万元

以图1-10的案例展开。假如某外部投资机构看好该企业的发展及经营团队，投资2 000万元，占20%股份，即投后估值为1.0亿元。

经协商，投资人同意以收购个人独资企业(上海××商务中心)5%股份和增资扩股15%的方式完成本轮收购。

上海××商务中心5%股份价值=1.0亿×5%=500万(元)。

创始人交个人所得税=5 000 000×10%×35%-65 500=109 500(元)(参考表1-1)

创始人实得=5 000 000-109 500=4 890 500(元)，如表1-5所示。

表1-5　创始人通过个人独资企业变现的税负

创始人变现收入/元	核定税率	核定利润/元	个税税率	速算扣除数	实际缴纳个税/元	创始人实得/元	综合税负
5 000 000	10%	500 000	35%	65 500	109 500	4 890 500	2.19%

以上操作方法有两个前提：一是个人独资企业适用核定征收方式纳税；二是个人独资企业是小规模纳税人。

三、合伙企业

(一) 合伙企业的定义

合伙企业是指自然人、法人和其他组织依照《中华人民共和国合伙企业法》(以下简称《合伙企业法》)(注：1997年颁布，2006年修订)在中国境内设立的普通合伙企业和有限合伙企业。

有限合伙企业由普通合伙人(general partner，GP)和有限合伙人(limited partner，LP)组成，普通合伙人对合伙企业债务承担无限连带责任，有限合伙人以其认缴的出资额为限对合伙企业债务承担责任。

《合伙企业法》第61条规定："有限合伙企业由二个以上五十个以下合伙人设立；但是，法律另有规定的除外。有限合伙企业至少应当有一个普通合伙人。"

有限合伙企业的营业执照如图1-13所示。

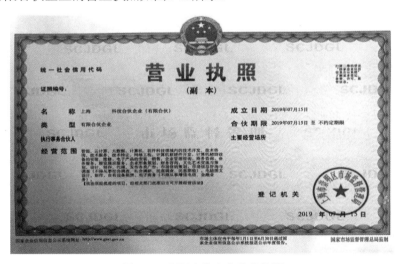

图1-13　有限合伙企业营业执照

(二) 合伙企业的优点

合伙企业的优点主要有三个，如图1-14所示。

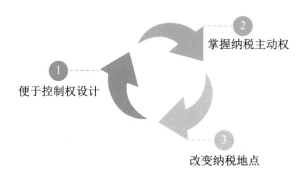

图1-14　合伙企业的三个优点

1. 便于控制权设计

某有限合伙企业的股权架构如图1-15所示，其中老板张三为有限合伙企业的普通合伙人(GP)，持有1%的财产份额；五名员工为有限合伙企业的有限合伙人(LP)，持有99%的财产份额，请问老板张三具有多少表决权？

图1-15　某有限合伙企业的股权架构

根据《合伙企业法》的规定，老板张三为GP，承担无限连带责任，因此，拥有有限合伙企业100%的表决权，而不管其持有多少比例的财产份额。

因此，有限合伙企业是天然的AB股设计，即同股不同权(表决权)。老板可以设立有限合伙企业，作为员工的持股平台。对于老板而言，利润可以让渡，但控制权必须牢牢掌握在自己的手上！

请大家思考一下，如何规避老板张三的无限连带责任？

案例1-4 **柳传志如何通过有限合伙企业拥有联想控股35%的表决权**

1) 成立控股公司

2010年9月，柳传志成立北京联持志同管理咨询有限责任公司(以下简称"联持志同"），注册资金500万元，联持志同的股权架构如图1-16所示，其中，柳传志占股20%，共计出资100万元。

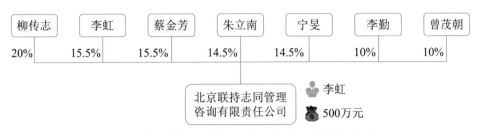

图1-16 北京联持志同管理咨询有限责任公司股权架构

2) 成立15个小合伙企业

随后，以联持志同为执行事务合伙人，相继成立15家有限合伙企业(联持会)。联持志同对每个有限合伙企业出资1万元，担任15个合伙企业的普通合伙人(GP)，拥有100%表决权，同时也规避了自然人当合伙人的无限连带责任。

而在联持会持股的高管及员工为有限合伙人(LP)，只有分红权而无表决权，如图1-17所示。这样，柳传志出资15万元担任GP，从而控制了这15个有限合伙企业。

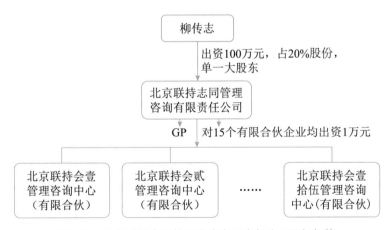

图1-17 北京联持志同管理咨询有限责任公司股权架构

3) 成立一个大合伙企业

柳传志用联持志同与这15个小合伙企业，共同成立一个大合伙企业——北京联持志远管理咨询中心(有限合伙)。

其中，15个小合伙企业作为有限合伙人(LP)，联持志同出资1万元，作为普通合伙人(GP)，如图1-18所示。

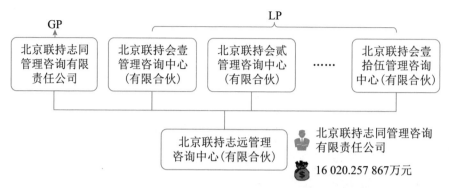

图1-18　北京联持志远管理咨询中心(有限合伙)股权架构

截至2021年12月31日，北京联持志远管理咨询中心(有限合伙)收到高管及员工出资合计超过1.6亿元。

4) 成为联想控股的股东

柳传志用这个大合伙企业去持有上市主体——联想控股的35%股权，如图1-19所示。

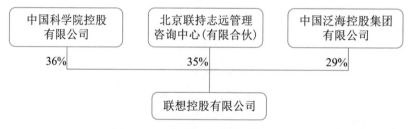

图1-19　联想控股有限公司股权架构

柳传志出资116万元(100+15+1)，拥有了联想控股上市前约227.5亿元的股权(注：2015年联想控股上市前所有者权益约为650亿元)，但只需承担500万元财产责任。

最终柳传志通过合伙企业嵌套合伙企业的复杂结构，达到层层杠杆重重控制之目的，最终把控制权牢牢把握在自己的手上。

2. 掌握纳税主动权

合伙企业是所得税的"税收透明体"，当被投资企业有利润时，应按照"先分后税"原则，把利润分配给合伙人，由合伙人自行申报税款，这样就规避了自然人持股下的由公司代扣代缴的行为，于是各合伙人可以掌握纳税过程。

3. 改变纳税地点

案例1-5 **居住在上海的有限合伙人能否在当地缴纳个人所得税**

北京××有限合伙企业的股权架构如图1-20所示，现在自然人LP2工作生活均在上海，且上海对有限合伙人交个人所得税有财政返还的政策，LP2不想在北京纳税，请问应该如何操作？

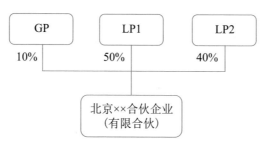

图1-20 北京××合伙企业(有限合伙)股权架构

实操中有两种办法。一是有限合伙企业由北京迁址至上海(如图1-21所示)，对于迁入地上海来说，工商与税务部门当然欢迎，因为增加了当地的税收。

关键是北京方面放不放？一般来说，如果有限合伙企业没有进行利润分配，且被投资企业净资产不高，经与主管税务机关沟通，同意迁出的概率高些。

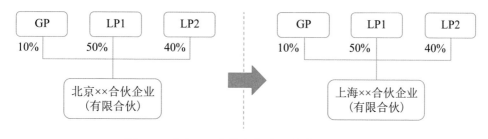

图1-21 北京××合伙企业(有限合伙)迁至上海

二是不改变北京合伙企业的注册地，LP2将持有的40%的北京合伙企业财产份额，全部转让给新设立的上海××合伙企业，LP2持有99%的财产份额，如图1-22所示。

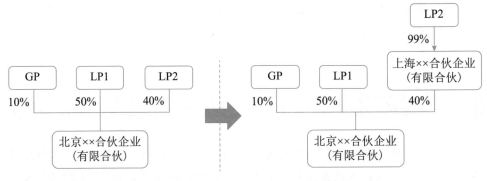

图1-22 LP2转让财产份额给上海××有限合伙企业

此方案的难点是转让可能涉税，视北京当地税务机关是否要穿透到被投资企业的账面净资产来征收个人所得税，这一步可能要与北京税务机关沟通。

(三) 合伙企业的涉税分析

合伙企业在两个环节可能涉税，如图1-23所示。

图1-23 合伙企业分红与转让环节可能涉税

1. 分红

以合伙企业名义持有有限公司的股权，有限公司将未分配利润分配给合伙企业，个人合伙人(特指自然人作为有限合伙人的情形)如何交个人所得税呢？

根据《国家税务总局关于〈关于个人独资企业和合伙企业投资者征收个人所得税的规定〉执行口径的通知》(国税函〔2001〕84号)规定，合伙企业对外投资分回的利息或者股息、红利，不并入合伙企业的收入，而应单独按"利息、股息、红利所得"应税项目计算缴纳个人所得税，税率是20%。

请大家思考一下，对分红能否采用核定征收的方式征税？

2. 转让

案例1-6 有限合伙企业转让所得适用20%还是35%的个人所得税税率

杭州公司主营智慧环保项目，近期外部投资人打算出资1000万元，收购××有限合伙企业B(即员工持股平台，假设均为个人担任GP有LP)持有的杭州公司10%的股权，如图1-24所示。

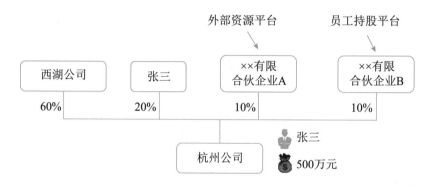

图1-24 杭州公司的股权架构

员工作为有限合伙人转让所得属于"生产经营所得"，按5%～35%的五级超额累进税率交纳个人所得税。但有些地方对合伙企业的股权转让所得的个人所得税，按照"财产转让所得"适用20%的比例税率计税。

2019年，国家税务总局发布财税〔2019〕8号文件，对于有限合伙企业的股权转让收入如何缴税做了明确规定：

(1) 创投企业可以选择按单一投资基金核算或者按创投企业年度所得整体核算两种方式之一，对其个人合伙人来源于创投企业的所得计算个人所得税应纳税额。

(2) 创投企业选择按单一投资基金核算的，其个人合伙人从该基金应分得的股权转让所得和股息红利所得，按照20%税率计算缴纳个人所得税。

(3) 创投企业选择按年度所得整体核算的，其个人合伙人应从创投企业取得的所得，按照"经营所得"项目、5%～35%的超额累进税率计算缴纳个人所得税。

但需要注意的是，这里对于创投企业是有要求的，必须是指符合《创业投资企业管理暂行办法》(发改委第39号)或者《私募投资基金监督管理暂行办法》(证监会第105号)关于创业投资企业(基金)的有关规定，并按照上述规定完成备案且规范运作的合伙制创业投资企业(基金)。

如果是未经备案的创投企业，不能享受此政策。

(四) 合伙企业与公司的区别(见表1-6)

表1-6　合伙企业与公司的区别

序号	类别	合伙企业	公司
1	设立基础	合伙协议	公司章程
2	法律地位	无法人资格	法人资格
3	负责人	执行事务合伙人	法定代表人
4	成员称谓	合伙人	股东
5	财产称谓	财产份额	股份
6	对外转让	一致同意(另有约定除外)	过半数(另有约定除外)
7	税务成本	单一征税	双层征税
8	法律风险	GP承担无限连带责任，LP承担有限连带责任	承担有限连带责任(一人公司除外)

四、公司

公司是较常见的企业类型。如果企业的上游与下游都需要开具增值税专票，且年销售收入超过500万，此时这个企业就只能是公司制。

(一) 公司类型

笔者把公司分为三种类型，分别是一人有限公司、两人有限公司及股份公司，如图1-25所示。本书重点讲述一人有限公司及两人有限公司的情形。

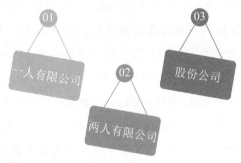

图1-25　公司制的三种类型

1. 一人有限公司

一人有限公司是指由一名股东(自然人或法人)持有公司的全部出资的有限责任公司。

《中华人民共和国公司法》(以下简称《公司法》)第63条规定："一人有限责任公司的股东不能证明公司财产独立于股东自己的财产的，应当对公司债务承担连带责任。"

如果遇到债权人起诉，一人公司的股东需要承担"公司财产和股东财产没有混同"的证明责任，即一人公司的股东需要"自证无罪"，否则就应当对公司债务承担连带清偿责任。

因此尽量不要设立一人有限责任公司，以避免对公司的债务承担连带清偿责任。如果加入配偶，成立夫妻公司就可规避这种风险了吗？

夫妻公司是指股东只有夫妻两人的有限责任公司，夫妻公司有可能被视同为一人公司，因为夫妻财产共同制度，股东实质只享受一个股权，并不是形式上的两个股权。

因此，夫妻公司等同于一人有限公司。

案例1-7 杭州公司为何名义上为两人公司，实际上为一人公司

杭州公司注册资金100万元(实缴0元)，股东分别为自然人张三(持股51%)和西湖公司(持股49%)，而自然人张三同时也是西湖公司的唯一股东，张三同时担任杭州公司的法定代表人，如图1-26所示。

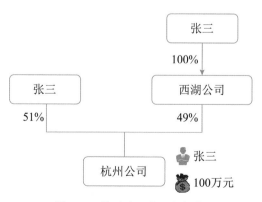

图1-26　杭州公司的股权架构

这种股权架构经常出现在企业的创立之初，特别是配偶不方便当股东的时候，如其配偶是公务员。

请问，杭州公司是一人公司吗？张三承担无限连带责任吗？大家的意见呢？

2. 两人有限公司

《公司法》第24条规定："有限责任公司由五十个以下股东出资设立。"两人有限公司的字面意思就是股东人数至少两名。

《公司法》第3条规定，有限责任公司的股东以其认缴的出资额为限对公司承担责任。

实践中，如果有限责任公司对外有债务的话，一般情况下由公司以自己的独立财产承担责任。

但是在一些比较特殊的情况下，公司股东也需要对公司债务承担连带责任，笔者列举了5种情形，如图1-27所示。

图1-27　股东对公司债务承担连带责任的5种情形

(二) 股权架构

股权架构是指一家有限公司的股东的类型(股东可以是自然人，也可以是个人独资企业，还可以是法人)及他们的股份占比情况。股权架构直接决定了股东的税务成本。

案例1-8 **杭州公司分红1000万元，不同类型的股东如何交税**

杭州公司的股东分别为西湖公司、中国居民张三、香港公司及香港同胞李四，持股比例分别为51%、19%、26%及4%，如图1-28所示。

图1-28 杭州公司的股权架构

现在杭州公司可分配利润为1000万元，请问这些股东如何交税？交多少税？

分析解答：

杭州公司属于外商投资企业，因为股东有香港公司及香港个人(2020年1月1日起施行的《中华人民共和国外商投资法》第2条规定，外商投资，是指外国的自然人、企业或者其他组织直接或者间接在中国境内进行的投资活动)。

(1) 西湖公司收到510万元分红，根据《中华人民共和国企业所得税法》(以下简称《企业所得税法》)第26条的规定，西湖公司免征企业所得税。

(2) 自然人张三收到190万元分红，应按20%税率缴纳个人所得税。

(3) 香港公司收到260万元分红，根据中国内地与香港的税收协定，适用5%的预提所得税税率。因此香港公司应交企业所得税=260×5%=13(万元)。

(4) 李四收到40万元分红，根据财税〔1994〕20号的规定，外籍个人从外商投资企业取得的股息、红利所得暂免征收个人所得税。

但笔者提醒大家，分红的企业是外商投资企业(这里指的是"杭州公司")，而且外资占比必须超过25%，即用境外的钱在境内投资，这样的企业才是外商投资企业。

第二节
多少注册资金是合适的

创业时碰到的首要问题就是注册公司，那么注册一个多大资金规模的公司是合适的呢？

有人说，现在注册公司实行认缴制，什么时候缴纳注册资金都可以，数字可以随便写，为了面子和向别人证明自己的"实力"，可以写个尽可能大的数，例如1000万元、5000万元，甚至1亿元、2亿元。

也有人说，注册资金就是股东要承担的最大责任，应该尽可能小一点，越小越好，国家已经取消最低出资额限制了，就写1元吧。

对于公司注册资金的多少，众说纷纭，各有各的道理，创业者经常陷入迷茫中。

一、关于注册资金的8个疑问

到底公司注册资金是越多越好，还是越少越好呢？相信初创公司的老板都有这样的疑问。笔者列示了关于注册资金的8个疑问，如图1-29所示。

01　注册资金与行业有关吗？

02　注册资金与债务有关吗？

03　注册资金与企业规模有关吗？

04　注册资金与实收资本有关吗？

05　注册资金与税务成本有关吗？

06　如何确认已缴纳注册资金？

07　可以使用注册资金吗？

08　公司注销时需要补全注册资金吗？

图1-29　关于注册资金的8个疑问

(一) 注册资金与行业有关吗

答：理论上，除了银行、保险、证券、典当、外商投资、劳务派遣等14类行业，其他行业的注册资金是可以随意设定的。

另外，以省级冠名的公司(不包括像北京、上海、天津、重庆这样的直辖市)，例如浙江××有限公司，最低注册资金为1000万元。

如果是无区域限定的公司(如恒大集团有限公司)，最低注册资金为5000万元，而且要到国家市场监督管理总局注册。

但在实操中，公司注册资金定多少，也要参考所在行业资质要求。例如互联网公司申请ICP经营许可证时，要求公司注册资金在100万元以上。又如天猫、京东要求入驻商家的注册资金为200万元以上。又如劳务派遣公司的注册资金不低于200万元。

有些公司要参与的招投标也对注册资金有要求，注册资金高的情况下可以给招投标加分，此时我们参照行业通行做法就可以了。

(二) 注册资金与债务有关吗

答：为什么大部分公司都叫"××有限责任公司"？这里的"有限责任"指的是股东对公司的债务承担有限的责任，而责任的额度就是公司的注册资金。

例如，一家注册资金为100万元的公司，张三占70%股权，所以需要出资70万元。后来公司经营不善，欠了1000万元的外债，那么张三最多只需用他70万元的出资额来承担责任，超出的部分就和他没关系了。

这里要注意的是，这个公司是指两人以上的非夫妻经营的有限公司。如果实在要注册为一人公司，那就让这个公司当控股公司，只对外投资，不做经营，就规避了无限连带责任带来的潜在法律风险。

(三) 注册资金与企业规模有关吗

答：没有太大关系。注册资金为10万元的公司，企业规模可以达到1000万元；注册资金为500万元的公司，也有可能成为亏损1000万元的企业。

(四) 注册资金与实收资本有关吗

答：注册资金是公司法方面的概念，而实收资本是会计方面的概念。公司法规定注册资金实行认缴制，但只有股东实际缴存了的注册资金，才可以在会计上被确认为"实收资本"。

例如，我们在咨询项目中，发现成立于2018年9月的某高科技公司，注册资金为1000万元，公司成立的7个月时间里，3名自然人股东向公司累计投入610万元进行产品的研发、设备的采购和员工工资的发放等。另外，财务部没有专人负责，因初创始股东们把财务外包给代账公司处理，实收资本一栏显示为零。

而现在的投资人非常看中该公司的发展前途，准备投资入股，要求股东们把认缴的注册资金完全实缴，这些技术出身的小伙子们为引进资本而高兴的同时也陷入了焦虑中，到哪筹措这1000万元？

所以对于创业者而言，首先考虑把注册资金交足，当公司运营缺资金时，才向股东借款。

(五) 注册资金与税务成本有关吗

答：与印花税有关。自2018年5月1日起，企业要按"实收资本和资本公积"缴纳万分之二点五的印花税。

例如，一家公司的注册资金是100万元，如果企业完成实缴，那么企业的印花税将是250元。不过从2019年起对于小规模纳税人可以再减半征收印花税。

举个极端的例子，2016年安徽玉龙地智慧餐饮有限公司注册资金为50 2000亿元(相当于3个腾讯的估值)，如完成实缴，印花税将达到25亿元。所以那些想要伪装成亿万富翁的"创业老板"要慎重了。

另外，《公司法》第166条规定，公司分配当年税后利润时，应当提取利润的10%列入公司法定公积金。公司法定公积金累计额为公司注册资金的50%以上的，可以不再提取。

(六) 如何确认已缴纳注册资金

答：公司成立后，在银行开设一个公司银行账户，股东个人从自己账户向公司账户汇入应出的资金，转账资金用途里写上"投资款"，即可确认已缴纳注册资金。这样做可有效规避产生"出资瑕疵"问题，有上市计划的公司尤其要注意。

(七) 可以使用注册资金吗

答：当然可以使用。注册资金就是公司的钱，就是公司用来花的。一般应用在以下几个方面：日常经营运作、发放员工工资、进货、付房租、购买办公用品等。

但是，不可以随意将注册资金支给股东个人使用，如果需要给股东个人支款，就得拿正规发票来报销，或者通过工资、劳务费用、奖金等形式发放。

(八) 公司注销时需要补全注册资金吗

答：这里分两种情况：

(1) 公司没有外债，不想经营，此时不需要补全。因为公司没有外债时注销，不涉及补偿别人的损失，直接走正常的注销流程即可，不需要把钱补全后再注销。

(2) 公司有外债，不想经营了，此时需要补全注册资金，需要把欠别人的钱还上。"认缴制"只是不用现在一次性把钱拿出来，但是承担的法律责任还是有的。

因此，股东需要按照所持有的股权比例，承担对应的债务责任。

二、正确对待注册资金的两个态度

(一) 量力而行

根据自己的经营需要确定公司的注册资金和实缴出资的承诺。一般来说，初创公司的注册资金=开办费+3～6个月的流动资金。开办费指租金、人工、设备等支出。

(二) 稳步递增

公司缺资金时，股东可以做增资处理。公司在创业初期，注册资金设定可以适当少些，等到后期公司规模扩大，再做增资处理，而且增资不会涉及税务问题。

第三节
为何说法定代表人是企业第一责任人

法定代表人是指依法代表公司行使民事权利、履行民事义务的主要负责人，是公司的第一负责人。

法定代表人对外代表公司，并在相关法律文件上签字，就相当于加盖了公司公章，可认定为公司行为，公司应当承担相应的法律后果。

正因为法定代表人的重要性及特殊性，在公司控制权争夺战中，法定代表人是股东争夺的焦点。

一、法定代表人如何产生

(一) 法律规定

《公司法》第13条规定："公司法定代表人依照公司章程的规定，由董事长、执行董事或者经理担任，并依法登记。"

这里的经理不包含副总经理、财务负责人等其他高级管理人员。

(二) 哪些人员不能当法定代表人

《中华人民共和国市场主体登记管理条例》规定了8种不得担任法定代表人的情形，笔者重点讲两条：

(1) 担任因经营不善破产清算的企业的法定代表人或者董事、经理，并对企业的破产负有个人责任，自该企业破产清算完结之日起未逾三年的。

(2) 担任因违法被吊销营业执照的企业的法定代表人，并对该企业违法行为负有个人责任，自该企业被吊销营业执照之日起未逾三年的。

总之，法定代表人没有国籍及学历限制，年满18周岁，且精神、智力状况完全正常即可。

股东是没有年龄限制的，两岁的婴幼儿也可以做股东，但不能当法定代表人。

案例1-9 挂名法定代表人有风险

张三与老板王二是朋友，王二准备成立一家新公司——乙公司，打算让张三当总经理兼法定代表人，并承诺给予张三每月5000元的报酬。

张三同意担任乙公司的法定代表人，但乙公司的经营和管理都由王二实际控制。不久后，王二为其朋友李四的公司——甲公司在银行担保函上盖上了乙公司的公章，担保金额为100万元，这是典型的企业互相担保行为，在经济发达的江浙地区较为常见。

一年后，甲公司因经营不善而破产，银行要求乙公司对100万元的借款承担还款义务。

银行通知乙公司及法定代表人张三，要求乙公司连带偿还100万元借款，且张三承担连带还款责任。此举遭到了张三的拒绝，银行随之起诉乙公司及其法定代表人张三。

最终，法院判决支持银行的起诉。

在这个案例中，张三每月拿着5000元工资，却承担100万元的风险！

因此挂名的法定代表人千万不能当啊，哪怕给你再多的对价！

二、如何罢免法定代表人

案例1-10 拥有1/2以上表决权的股东可以罢免法定代表人吗

2018年5月，甲公司成立，注册资本5000万元，其中乙公司出资2600万元，持股52%；张三出资2400万元，持股48%，并担任甲公司执行董事和法定代表人；乙公司代表李四担任甲公司监事。

甲公司章程规定，执行董事兼任法定代表人，执行董事由股东会选举或更换；修改公司章程，增减注册资本，公司合并、分立、解散或者变更公司形式的决议，必须经代表2/3以上表决权的股东通过，其余事项要经代表1/2以上表决权的股东通过。

2020年8月5日，李四代表乙公司通知召开临时股东会议，将会议通知以公证方式送达张三。

2020年8月30日，监事李四主持召开临时股东会，会议根据半数以上表决权股东提议，做出股东会决议：免去张三执行董事职位，选举王二为甲公司执行董事兼法定代表人。

甲公司与张三对本次临时股东会决议不予认可。

于是，乙公司以甲公司和张三拒不履行法定代表人的变更登记义务为由，向法院提起诉讼。

法院一审二审均认定此决议程序合法，判令甲公司办理执行董事和法定代表人的变更登记，张三予以协助。

从这个案例可以看出，法定代表人的罢免取决于公司章程的规定。

案例1-11 如何换掉李子柒的执行董事及法定代表人职务

2017年7月，四川子柒文化传播有限公司由李子柒(原名李佳佳)与杭州微念品牌管理有限公司共同发起创立，持股比例分别为49%及51%，如图1-30所示。

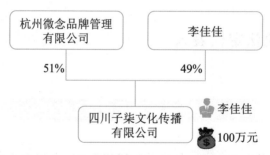

图1-30 四川子柒文化传播有限公司的股权架构

这种股权架构，对于李佳佳来说有两个尴尬之处：第一，她控制不了公司，第二，未来税务成本有点高。

根据《公司法》第43条："股东会的议事方式和表决程序，除本法有规定的外，由公司章程规定。股东会会议作出修改公司章程、增加或者减少注册资本的决议，以及公司合并、分立、解散或者变更公司形式的决议，必须经代表三分之二以上表决权的股东通过。"这里指出了七件重大事项属于公司法规定的特别决议事项，这七件重大事项须经代表三分之二以上表决权的股东通过。在公司章程未做特别规定情况下，股东会一般决议事项可经代表1/2以上表决权的股东通过。

也就是说，李佳佳对以上七件重大事项具有话语权，而其他一般事项需要持有超过二分之一的表决权就可确定，例如决定公司是否分红等。

表面上看李佳佳是执行董事兼法定代表人，具有一定控制权，但笔者看来这些意义不大。

两步即可以换掉李子柒的执行董事及法定代表人职务。

第一步，变更执行董事。根据《公司法》，变更执行董事这个事项属于股东会表决的一般事项，即超过二分之一表决权的股东通过即可执行。

第二步，换掉法定代表人。根据《公司法》第13条，公司法定代表人依照公司章程的规定，由董事长、执行董事或者经理担任，并依法登记。

因此，更换法定代表人或执行董事等均由杭州微念品牌管理有限公司说了算。

但以上事项成立需具有两个前提，如图1-31所示。

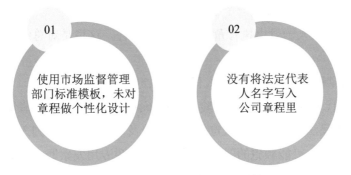

图1-31 公司章程的个性化设计前提

如果李佳佳的名字写入了公司章程，就换不了法定代表人了吗？大家一起来看一个由真实事件改编的案例。

案例1-12 法定代表人名字应不应该被写入公司章程

甲公司的股权结构为乙公司持股51%，张三持股39%，丙公司持股10%。张三是丙公司的法定代表人。

甲公司章程第44条规定：修改公司章程，增加或减少注册资本，以及分立、合并、解散或者变更公司形式的决议，须经代表三分之二以上表决权的股东通过。其他事项，须经代表二分之一以上表决权的股东通过。

甲公司章程第18条规定：张三担任执行董事、总经理，为公司法定代表人。

2010年3月25日，甲公司形成股东会决议：免去张三甲公司总经理、法定代表人职务；由王二担任总经理、法定代表人。

大股东乙公司同意该决议内容。丙公司、张三反对该决议，起诉至法院。

丙公司、张三向法院起诉称，张三系公司章程规定的法定代表人，股东会决议解除其职务系修改章程，应经代表三分之二以上表决权的股东同意方可通过；实际赞成比例仅有51%，因此请求撤销股东会决议。

法院认为，章程中记载的事项包括描述性事项和效力性事项，免除张三法定代表人职务属于描述性事项，不属于效力性事项，不符合"经代表三分之二以上表决权的股东通过"的事项。

法院驳回丙公司及张三的起诉。

最后笔者对本节内容做一个小结。

(1) 法定代表人一般由执行董事或董事长担任，这也是对总经理权力的一种平衡及制约。

(2) 公司章程应当有法定代表人任免的规定。

(3) 法定代表人可能承担的风险包括以下两种：公司若无力清偿债务，债权人可依法向人民法院申请限制法定代表人出境及高消费，将其列入失信被执行人名单；法定代表人可能触犯的罪名包括虚开增值税专用发票罪、职务侵占罪、挪用资金罪等。

(4) 程序要合法。

(5) 不要将公司法定代表人的名字写入章程。

(6) 不当挂名法定代表人。

第四节
股份比例设计有哪些注意事项

公司创立初期，股东们容易团结一致；当公司规模不断壮大、盈利能力越来越强、公司的股权价值越来越高时，在利益分配、公司发展方向等问题上，股东之间往往会产生分歧甚至矛盾，如果股权架构，即股权占比存在问题，就可能爆发冲突。

案例1-13　A公司大股东持有34%股份，能控制公司吗

A公司主营人力资源证书考试培训、猎头及管理内训业务，其中甲股东以前在政府部门工作，有一定的人脉，全职；乙股东精通猎头业务，全职；丙股东属于人力资源和社会保障局职员，兼职；丁股东系某大型国企的人力资源总监，兼职。

经全体股东协商一致，A公司准备进行工商注册，注册资金初定200万元，其中甲、乙、丙、丁出资及股权占比情况如表1-7所示。

表1-7　A公司股东性质、出资及占比情况

姓名	工作性质	实缴出资/元	股权占比
甲股东	全职	68万	34%
乙股东	全职	44万	22%
丙股东	兼职	44万	22%
丁股东	兼职	44万	22%

请问：这种持股比例有问题吗？A公司有没有控股股东？

一、股份比例的常见设置问题

股份比例的常见设置问题包括平均分配式架构、一股独大式架构及特殊的51/49式架构。初创企业应尽量避免设置此类股份比例。

(一) 平均分配式架构

案例1-14　雷士照明股份平分带来的问题

1998年年底，吴长江和同学杜刚、胡永宏出资100万元在惠州注册创立了雷士照明，三人出资比例为45%、27.5%与27.5%。

从这个股权结构来看，三位股东没有任何一位具有控股地位。对此，吴长江后来如此解释："当时就这样讲的，他们两个占股55%，我占股45%，我说以后如果我吴长江一意孤行，你们两个可以制约我。"

雷士照明成立后，三人各展所长。胡永宏负责市场营销，吴长江负责工厂管理，杜刚负责调配资金及政府资源。

雷士照明高速发展的同时，三个股东的内斗随之发生。

首先，对于是否分红，吴长江热衷于推动企业持续发展，而另外两个股东则希望能有更多的分红。

其次，对于如何衡量股东的贡献，他们三人产生了分歧。

对此，吴长江的解决办法是把自己的股份向其他两位股东分别转让5.83%，三人持股比例形成33.4%、33.3%、33.3%的均衡状态。

但这并没能解决根本性问题，三人的矛盾在2005年的渠道改革中集中爆发了，在吴长江推动"大经销商控制模式"渠道改革过程中，另外两位股东强力反对。

雷士照明的全国经销商强行介入"分家"，举手表决要求吴长江留下。于是杜刚、胡永宏二人各拿8000万元离开，吴长江持股100%。

吴长江在支付了巨额的"分家费"之后，雷士照明出现了资金困难，这给以后的第二、第三次股权争夺埋下了更为严重的隐患。

雷士照明案例告诉我们，企业在创立之初，股东之间只是简单地平均分配股权，容易导致表决陷入僵局，公司甚至有瓦解的风险。

常见的股权平分有如下几种形式，如图1-32所示。

图1-32 股权平分的形式

(二) 一股独大式架构

案例1-15 **值钱的"罗辑思维"，要命的股权结构**

2012年4月，申音出资110万元，罗振宇、孙佳佳、朱珊珊各出资30万元，设立独立新媒(北京)信息科技有限公司(以下简称独立新媒)，注册资本200万元，申音担任法定代表人，如图1-33所示。

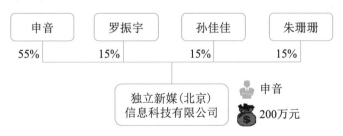

图1-33 独立新媒(北京)信息科技有限公司的股权架构

2012年12月，独立新媒推出《罗辑思维》脱口秀节目，该节目由吴声策划、申音运营、罗振宇主持，涵盖微信公众订阅号、知识类脱口秀视频及音频产品。

同时四位股东的持股比例进行了微调，如图1-34所示。

图1-34 独立新媒(北京)信息科技有限公司股东比例变化

2014年7月，孙佳佳及朱珊珊退出，股东及股权变更为申音164.7万元(持股82.35%)，罗振宇35.3万元(持股17.65%)，如图1-35所示。

图1-35 孙佳佳及朱珊珊退出后的公司股权架构

我们从独立新媒公司的股权变迁来看，贡献最大的罗振宇只拥有较少的股份比例，从持股比例来看，罗振宇不过是为申音打工而已。

在公司初期分配股权时，罗振宇绝对不会想到罗辑思维会迅速发展，会创造如此巨大的价值。罗振宇心理失衡在所难免，这是人性使然。

如果他们能采用股权动态调整机制，根据各自对公司发展的贡献大小，适时调整持股比例，或许就不会有后来的"散伙事件"。

一股独大式架构决定了合伙人最终分道扬镳的结局。

一股独大式架构是指大股东的持股比例远高于51%，其他股东难有发言权，如图1-36所示。

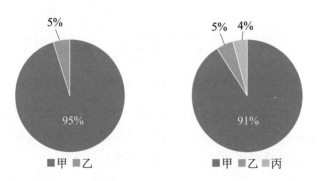

图1-36 一股独大式架构

一股独大式架构的不足之处很明显：

(1) 一股独大式架构往往使大股东缺乏授权意识和人才意识，无法带出有竞争力的团队，导致公司缺乏强有力的中层管理力量。

(2) 大股东完全控制了公司，有可能利用职权侵害小股东的利益，例如通过关联交易掠夺公司利润、人为控制公司盈利或会计数据、长期不分红等。

实操中，大股东的股权不是越多越好，如果太多，达到80%甚至90%，则其他股东会沦为实质上的打工者，很难形成一条心的合伙状态。

在所有股权架构中，一股独大和平均分配股权是股权架构的两个极端，均应避免。

如果非要两者选其一，相比之下，宁可选择一股独大也不能平均分配股权！因为一股独大式架构未来还可以通过股权激励和融资等进行调整，而平均分配式架构完全是不负责任的做法！

(三) 51/49式架构

51/49式架构本质上是平分股份的一种特殊类型。笔者平时在给企业提供咨询服务的过程中，发现有些企业股权架构是51/49式的，这种架构很微妙。

案例1-16 **持股比例51%：49%带来的尴尬**

A公司由甲、乙两名自然人股东构成，甲与乙持股比例分别为51%及49%。甲股东任A公司的执行董事及法定代表人，乙股东任监事。

A公司注册一年后，乙股东就后悔了，想不到股权差2%居然权利相差如此大。后来乙股东想通了，他平时不过去上班，每年去开一次股东会就行了。

没有乙股东的参与，甲股东撸起袖子加油干，恨不得睡在办公室，于是A公司慢慢做大了，每年产生至少1000万元的利润。

A公司章程规定，每年按持股比例分配利润。因此乙股东虽然啥事都不干，每年分走A公司近500万元的利润(注：未考虑分红的税务成本)。

甲股东有点不高兴。

经过6年的发展，A公司准备通过增资扩股引入风险投资公司——F公司，约定投资2000万元，占10%股份，甲与乙股东同意同比例稀释，此时股权架构如图1-37所示。

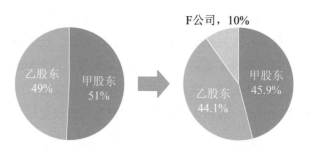

图1-37　F公司增资后，A公司的股权架构

此时，甲股东股权比例稀释至45.9%，失去了相对控股地位(注：须大于50%)。我们看一下有几种股权组合方式：

(1) 甲股东股权比例+乙股东股权比例=90%；

(2) 甲股东股权比例+F公司股权比例=55.9%；

(3) 乙股东股权比例+F公司股权比例=54.1%。

如果甲股东与乙股东关系不错，F公司基本没有话语权；如果甲股东与乙股东关系较差，则F公司倒向谁，谁就说了算。在本质上会形成最小股东掌握公司决策权的情况。

最后，不参与经营的乙股东联合F公司打败了甲股东。

二、股份比例的理想状态

(1) 公司要有绝对的大股东，大股东的最佳股份比例在51%到68%之间。

(2) 两位股东较优股权组合为80%：20%、70%：30%，如图1-38所示，目的是确保大股东的绝对控制权。

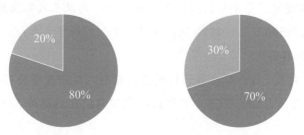

图1-38　两位股东较优股权比例分配

(3) 三位股东较优股权组合为70%：20%：10%、60%：30%：10%，如图

1-39所示，目的是确保第一大股东的持股比例要大于第二、第三股东持股比例之和。

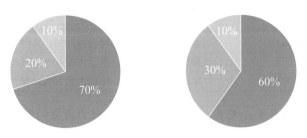

图1-39 三位股东较优股权比例分配

(4) 四位股东较优股权组合为40%∶25%∶20%∶15%、35%∶29%∶20%∶16%，如图1-40所示，目的是确保大股东的股权比例在34%以上，拥有一票否决权，防止其他三位股东联合攫取公司绝对控制权，同时大股东与另外三位股东中任意一个组合，便可达到对公司的相对控制权。

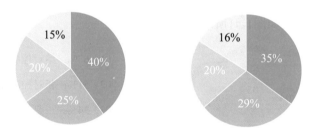

图1-40 四位股东较优股权比例分配

三、股权9条生命线

案例1-17 电视剧《猎场》中的郑秋冬为何不同意给合伙人40%的股权

电视剧《猎场》当中有这样一个情景：由胡歌扮演的猎头企业老板郑秋冬，自己持有100%股份。他准备引入林拜做合伙人时，有资源、有经验、有能力的林拜明确提出要40%的股权。

剧中提到的三种股权方案如表1-8所示。

表1-8　三种股权方案

方案	分配比例
方案一：郑秋冬提出	自己占股70%，林拜占股20%，其他骨干员工占股10%
方案二：林拜提出	郑秋冬占股51%，自己占股40%，其他骨干员工占股9%
方案三：第三方朋友提出	郑秋冬占股60%，林拜占股30%，其他骨干员工占股10%

其实在创业公司里，尤其是像猎头公司这种智力密集的服务型公司，第二大股东林拜想要拿到40%的股份，根本不可能！

我们进一步思考：郑秋冬为何不同意给林拜40%股权呢？40%股权有哪些股东权利？

大家都知道猫有9条命之说，其实公司股权也有9条生命线的说法。经常参加股权培训课程的老板都听说过所谓的"股权9条生命线"的说法，并视之为法宝。股权9条生命线如图1-41所示。

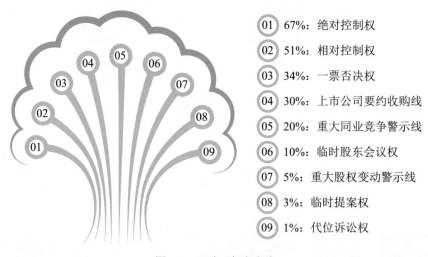

01) 67%：绝对控制权
02) 51%：相对控制权
03) 34%：一票否决权
04) 30%：上市公司要约收购线
05) 20%：重大同业竞争警示线
06) 10%：临时股东会议权
07) 5%：重大股权变动警示线
08) 3%：临时提案权
09) 1%：代位诉讼权

图1-41　股权9条生命线

（一）67%：绝对控制权

67%是决定公司生死存亡的股权比例，需要67%以上表决权比例通过的决议属于股东会的特殊决议，法律依据是《公司法》第43条。《公司法》第43条规定："股东会的议事方式和表决程序，除本法有规定的外，由公司章程规定。股东会会议做出修改公司章程、增加或者减少注册资本的决议，以及公司合并、分立、解散或者变更公司形式的决议，必须经代表三分之二以上表决权的股东通过。"可见，如果公司章程没有特别约定，拥有67%股权的股东就能说了算。

在案例1-17中，如果采取方案一的股权分配，郑秋冬拥有绝对控制权；如果采取方案二的股权分配，林拜拥有一票否决权。从某种意义上来说，林拜还是善于为自己争取利益的。

但问题是，持有70%股份的股东真的能完全控制公司吗？

案例1-18　持有70%股份的股东能完全控制公司吗

杭州某投资公司章程规定：

1. 甲、乙两个股东持股比例分别为70%及30%，股东会按出资比例行使表决权，股东会做出决策必须经出席会议的代表半数以上表决权的股东通过。

2. 以下事项须经全体股东表决通过：

(1) 公司合并、分立、变更形式；

(2) 公司解散；

(3) 修改章程；

(4) 股东退出和加入；

(5) 应当由董事会提请股东大会做出决策的其他重要事项。

参照"股权9条生命线"，甲股东应该对公司拥有完全的控制权，但实际情况是，该公司章程规定某些特殊事项"须经全体股东表决通过"。所以对于特殊事项，如果没有乙股东的同意，也无法成行，即使甲股东持有超过67%的股权同样没有公司控制权。

另外，《公司法》第42条规定："股东会会议由股东按照出资比例行使表决权；但是，公司章程另有规定的除外。"也就是说，公司章程可以约定股东是否按照出资比例行使表决权。

(二) 51%：相对控制权

需要51%以上表决权比例通过的事项包括公司分红、选举董事、聘请会计师事务所、选聘总经理以及股权激励等事项。这些事项属于股东会的普通决议。

案例1-19 **持有51%股份的股东的尴尬**

某企业由A、B两个股东构成，注册资金为1000万元，A任执行董事及法定代表人，A与B分别认缴51%股份及49%股份。

一年后，两位股东实缴金额分别为10万元及490万元，即B股东完全实缴到位，而A股东因为自己名下另一家公司经营不善导致出资困难。需要说明的是，章程约定按实缴比例行使表决权。

经过一年多的发展，企业经营不错，盈利500万元，此时A急于拿回一些分红来回填自己另一家公司的亏损，于是提议召开股东会议，要求按持股比例分配450万元(注：提取了当年利润的10%作为盈余公积金)。

A股东认为自己持有51%股份，在分红事项上说了算，自己可以分配229.5万元，给B股东分220.5万元；但B股东认为此举不符合章程的规定，他提出如下的分配方案：第一种方案，A股东的表决权为1%(10/1000)，而不是51%，没有权利决定是否应分配450万元，而自己实缴到位，拥有99%的表决权；第二种方案，A股东实际可分配金额=450×(10/1000)=4.5(万元)，自己可分配金额=450-4.5=445.5(万元)。

对此，A与B争执不下，不欢而散。那么，你支持谁呢？

(三) 34%：拥有一票否决权

持有34%股份的股东对于股东会的特别决议，有直接否决权，这是针对67%而设定的。

一票否决权的威力在于可以否决特别决议，即关乎公司生死存亡的、需三分之二以上表决权通过才有效的重大事项。

然而，对于半数以上表决权即可通过的普通决议，这一票否决权就不起作用了。

(四) 30%：上市公司要约收购线

按照上市交易规则，收购人持有一个上市公司的股份达到该公司已发行股份的30%时，继续增持股份的，应当采取要约方式进行，发出全面要约或者部分要约。

当年宝能收购万科股权，最高峰时持股万科A总股本的25.4%。

很显然，本条线适用于特定条件下的上市公司股权收购，不适用于有限责任公司和未上市的股份有限公司。

(五) 20%：重大同业竞争警示线

本条线没有任何法律依据，现实意义不大。

同业竞争，指上市公司所从事的业务与其控股股东或实际控制人或控股股东所控制的其他企业所从事的业务相同或近似，双方构成或可能构成直接或间接的竞争关系。

关联企业特指一个股份公司通过20%以上股权关系或重大债权关系所能控制或者对其经营决策施加重大影响的任何企业，所以就有20%是重大同业竞争警示线的说法。

(六) 10%：临时会议权

《公司法》第39条规定："代表十分之一以上表决权的股东，三分之一以上的董事，监事会或者不设监事会的公司的监事提议召开临时会议的，应当召开临时会议。"

《公司法》第40条规定："董事会或者执行董事不能履行或者不履行召集股东会会议职责的，由监事会或者不设监事会的公司的监事召集和主持；监事会或者监事不能召集和主持的，代表十分之一以上表决权的股东可以自行召集和主持。"

《最高人民法院关于适用〈中华人民共和国公司法〉若干问题的规定(二)》(以下简称《公司法司法解释二》)第1条规定："单独或者合计持有公司全部股东表决权百分之十以上的股东，以下列事由之一提起解散公司诉讼，并符合公司法第一百八十二条规定的，人民法院应予受理：(一)公司持续两年以上无法召开股东会或者股东大会，公司经营管理发生严重困难的；(二)股东表决时无法达到法定或者公司章程规定的比例，持续两年以上不能做出有效的股东会或者股东大会决议，公司经营管理发生严重困难的；(三)公司董事长期冲突，且无法通过股东会或者股东大会解决，公司经营管理发生严重困难的；(四)经营管理发生其他严重困难，公司继续存续会使股东利益受到重大损失的情形。"

值得一提的是，《公司法司法解释二》第1条适用于所有类型的公司，即在公司出现僵局的情况下，持有10%以上表决权的股东，可以请求人民法院解散公司。

案例1-20 持有10%股份的股东可以解散公司吗

常熟市凯莱实业有限公司成立于2002年1月，林某清与戴某明系该公司股东，各占50%股份，戴某明任法定代表人及执行董事，林某清任总经理兼监事。

2006年，两股东矛盾显现。同年5月9日，林某清提议并通知召开股东会，由于戴某明认为林某清没有召集会议的权力，会议未能召开。同年6月6日、8月8日、10月10日林某清委托律师向凯莱公司和戴某明发函称，因股东权益受到严重侵害，林某清作为拥有1/2表决权的股东，已按公司章程规定程序表决并通过解散公司的决议。

另外，常熟服装城管委会证明，公司目前经营正常，但自2006年6月至2009年12月，凯莱公司未召开过股东会。

林某清向苏州市中院提起诉讼，称凯莱公司经营管理发生严重困难，陷入僵局，无法通过其他方法解决，请求解散公司。

苏州中院于2009年12月8日驳回林某清的请求。林某清向江苏高院提起上诉，要求撤销一审判决，依法改判解散公司。

江苏高院认为：

(1) 凯莱公司经营管理已发生严重困难。根据《公司法》(2005修订版)第183条和《公司法司法解释二》第1条规定，"公司经营管理发生严重困难"的侧重点在于公司管理方面存在严重内部障碍，如股东会机制失灵、无法进行决策。

公司章程规定"股东会决议须经代表1/2以上表决权的股东通过"，各方认为1/2不包括本数。公司已持续4年未召开股东会，无法通过股东会决议的方式管理公司，股东会机制已失灵。林某清作为公司监事不能正常行使监事职权，无法发挥监督作用。

(2) 股东投资凯莱公司的目的无法实现，利益受到重大损失，且公司的僵局通过其他途径长期无法解决。

(3) 林某清持有凯莱公司50%股份，也符合《公司法》关于提起公司解散诉讼股东须持有公司10%以上股份的条件。

故依法撤销苏州中院的决议，依法做出解散凯莱公司的判决！

因此，持有10%股份还是有点作用的。但如果有限责任公司未约定按实缴比例行使表决权，而是按认缴比例行使表决权，则持有10%股份就根本没有意义。

(七) 5%：重大股权变动警示线

《上市公司收购管理办法》第13条规定，当投资者及其一致行动人拥有权益的股份达到一个上市公司已发行股份的5%时，应当在该事实发生之日起3日内编制权益变动报告书，向中国证监会、证券交易所提交书面报告，抄报派出机构，通知该上市公司，并予公告。

这一规定仅适用于上市公司。

其实，持股比例低于5%有两个好处：一是没有锁定期的约束；二是不需抛头露面，减持时也不用披露。

(八) 3%：临时提案权

《公司法》第102条规定："单独或者合计持有公司百分之三以上股份的股东，可以在股东大会召开十日前提出临时提案并书面提交董事会；董事会应当在收到提案后二日内通知其他股东，并将该临时提案提交股东大会审议。"

这一规定仅适用于股份有限公司，而由于有限责任公司的本质是人合性，没有此类繁杂的程序性规定。

(九) 1%：代位诉讼权

如果高管损害公司利益，你是小股东，就可以向公司董事会或监事会提请调查，如果公司董事会或监事会不受理你的提案，你还可以以自己的名义，拿起法律的武器直接代公司提起诉讼。

本条线适用于股份有限公司的股东，同时还必须满足持股180日这一条件。而有限公司没有持股时间和持股比例的限制。

通过上述的讲解，想必大家对股权有了更进一步的了解。最后笔者把这部分的内容进行一下总结，如图1-42所示。

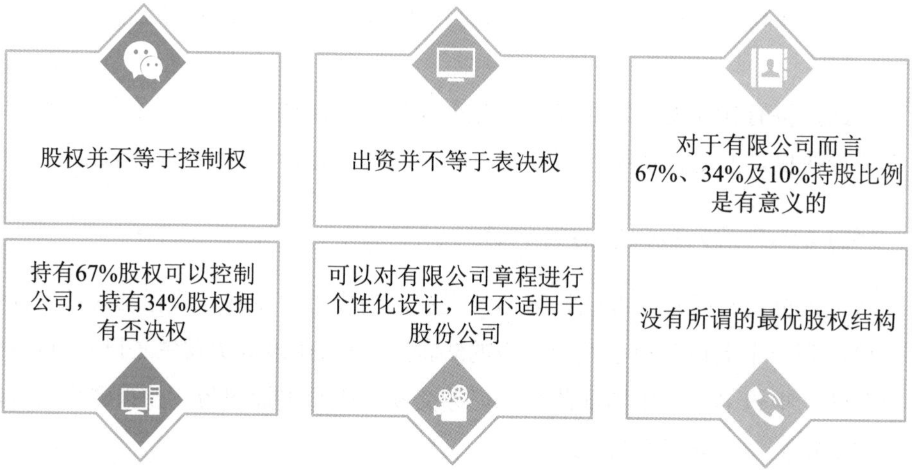

图1-42　关于股权的6个注意事项

因此，很多老板只是表面理解了股权的9条生命线，而未深究其背后的逻辑关系，本质上是把适用于上市公司、股份公司的做法错用在了有限公司上，如果盲目照搬照抄的话，可能会损失惨重！

第五节
开设分公司和开设子公司，哪个好

随着企业经营规模的日渐壮大，部分老板有了再设立几家分支机构的想法，此时摆在老板面前有两个选择：一是成立分公司，二是开设子公司。

那么分公司与子公司之间到底有何区别呢？

《公司登记管理条例》第39条规定："分公司是指公司在其住所以外设立的从事经营活动的机构。分公司不具有法人资格。"

子公司是指一定比例以上的股份被另一公司持有或通过协议方式受到另一公司实际控制的公司。母公司持有子公司的股权比例可以是100%，但最少不得低于50%。

一、分公司与子公司的6个区别

分公司和子公司最简单的区分方法就是看营业执照是否注明注册资金。成立分公司是没有注册资本的，而子公司需按要求投入相应注册资本。简而言之，分公司相当于未成年人，出了事由父母承担责任；而子公司相当于成年人，出了事自己扛着。

案例1-21 享受小微企业税收优惠政策的子公司比分公司更合算吗

A公司适用的企业所得税税率为25%，2020年10月拟投资设立B公司，预测B公司当年的税前会计利润为90万元(从业人数为30人，资产总额800万元)，假定A公司当年实现税前会计利润300万元。

现有两种方案可供参考：一是设立全资子公司；二是设立分公司(假设不存在其他纳税调整事项)。

1. 设立全资子公司

B公司应符合小微企业条件，应缴纳的企业所得税=90×2.5%=2.25(万元)；

A公司应缴纳的企业所得税=300×25%=75(万元)；

母子公司整体应纳税=2.25+75=77.25(万元)。

2. 设立分公司

总分公司应缴纳的企业所得税=(300+90)×25%=97.5(万元)。

通过上述两种情况的对比，我们发现设立分公司比设立子公司多缴纳企业所得税20.25(97.5-77.25)万元。

为什么会有这种差别呢？这是因为，分公司不单独享受小型微利企业优惠政策(注：关于小微企业的税收政策，请查看本书第四章的相关内容)，对于分支机构，应当并入总机构汇总缴纳企业所得税。

案例1-22 下属机构亏损时，为何选择分公司模式

C公司适用的企业所得税税率为25%，拟投资设立D制造业公司(投资回收期

长),预测该新设立的D公司当年亏损300万元,假定C公司当年实现利润1000万元。

现有两个方案可供选择:一是设立全资子公司;二是设立分公司(假设不存在其他纳税调整事项)。

1. 设立子公司

D公司当年亏损,不缴纳所得税,其亏损可结转以后年度,用以后年度所得弥补。

C公司当年应缴纳的企业所得税=1000×25%=250(万元);

母子公司整体纳税额=250(万元)。

2. 设立分公司

总分公司当年应缴纳的所得税=(1000-300)×25%=175(万元)。

通过上述两种方案的对比,我们发现设立子公司比设立分公司多缴纳企业所得税75(250-175)万元。

为什么设立分公司反而可以少缴纳企业所得税呢?这是因为,分公司和总公司合并纳税,盈亏可以互抵,按互抵后的应纳税所得额计算缴纳企业所得税。如果设立子公司,由于子公司是独立纳税人,其亏损只能由以后年度实现的利润弥补,母公司不能弥补子公司的亏损,当期多缴纳企业所得税。

综上所述,企业投资设立下属公司,在预计下属公司盈利且符合小型微利企业标准的情况下,建议选择设立子公司的组织形式,可以充分享受税收优惠。

当本公司盈利,预计新设立的下属公司会出现亏损,建议采用总分公司的形式,可以享受和总公司收益盈亏互抵的好处。

另外,如果按照税法规定,当总机构可以享受税收优惠时,可以选择总分公司模式,使分支机构也能享受税收优惠待遇。笔者认为选择分公司还是子公司,主要考虑业务、税务及风险三大因素。

有了这些基础知识之后,我们可以得出分公司与子公司的区别,如表1-9所示。

表1-9　分公司与子公司的区别

区别	子公司	分公司
设立手续	复杂	相对简单
法律主体	独立法律主体(是公司法定代表人)	非独立法律主体(只是公司负责人)

（续表）

区别	子公司	分公司
核算方式	独立核算	独立核算或非独立核算
风险承担	有限责任	无限责任
资质限制	独立资质	无须独立资质
纳税方式	增值税：单独纳税 所得税：独立纳税	增值税：单独纳税 所得税：汇总纳税

二、选用分公司或子公司的判断方法

选用分公司或子公司的判断方法如图1-43所示。

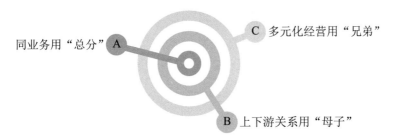

图1-43　选用分公司或子公司的判断方法

1. 同业务用"总分"

因为在同一个业务里，例如建筑施工企业，管理上非常相似，公司制度、行业资质、人才标准都是可以借鉴的。

例如，美容连锁公司及水果连锁公司，在全国范围内很多城市设立的分支机构，多数采用分公司的形式。这是因为分公司销售的产品由总部统一研发，如果设立为子公司，需要考虑转移定价的问题。

而且，总公司的研发人员多，管理费用高，各分公司的盈亏情况很不均衡，有些分公司可能盈利很好，有些可能亏损严重，这种情况下合并纳税有很大优势。

2. 上下游关系用"母子"

子公司可以为母公司的上游或下游，通过"关联方交易"，在各个子公司之间进行利润转移的设计。上下游本来就有采购销售的关系，所以交易的商业实质是天然存在的。

具体做法是，将主要利润留在注册地为税收洼地或者具备较多税收优惠的子公司，这样可以大量节约税务成本。

3. 多元化经营用"兄弟"

如果新开公司的业务，与已经存在的公司完全不同，那么原先公司的制度和人才几乎不能复制到新开公司，这就需要设立一个单独团队，成立平行兄弟公司。

兄弟公司之间独立运营，互不连带。各自公司的经营具有灵活性和独立性，也方便管理和控制。

当然在兄弟公司之上要设置好控股公司的架构，方便税务筹划及对外投资。

其实，母子、总分和兄弟公司相比较，没有哪一种方式是最佳模式，因为只有适合自己企业发展的，才是最优选择！

第二章

合伙治理设计

——规则优先，管控分歧

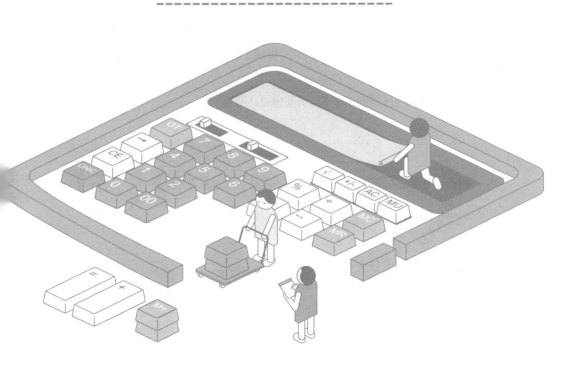

没有共识，管理就只能是强制的，是冷冰冰的。

实操中，股东，特别是主要股东与其他股东就议事规则大框架达成一致意见，然后让律师把这些共识形成法律文件。

股东议事规则，指所有股东对涉及公司战略方向选择、股东会表决、股东分工、股东进入、股东考核及退出等重大事项，形成的态度及共识，并由此而形成的一致行动。

所以笔者建议，股东议事规则不要用口头协议，要用书面协议，因为当出事时，法律是保护你的唯一途径。

第一节
什么是股东议事规则

股东议事规则指所有股东在公司战略方向选择、股东会表决、股东分工、股东进入、股东考核及退出等重大事项上形成的态度及共识，并由此而形成的一致行动。

股东议事规则包括哪些内容呢？如图2-1所示。

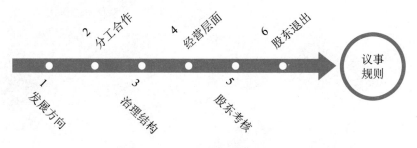

图2-1　股东议事规则

一、发展方向及分工合作

(一) 发展方向

案例2-1　一个股东想投资房地产，另一个股东想做互联网，该怎么办

某公司主营土壤修复业务，有两个股东，分别为张三与李四，他们的持股比例分别为60%、40%。经过5年发展，公司赚了一些钱，张三想投资房地产业务，李四青睐进军互联网电商。此时，股东的投资意向发生冲突，如何决策？是听张三的还是李四的？是分家还是两边押宝，分别组建团队？

如果是你的话，该如何解决？

其实很多时候股东纠纷主要表现在对公司未来方向的选择上。笔者概括了股东容易在4个方面产生的冲突，如图2-2所示。

图2-2　股东易冲突的4个方面

1. 带头人

汉字挺有意思的，两个中心，就是"患"字，寓意企业只能有一个中心，即只有一个带头人。笔者认为，带头人应具备以下几种素质：有坚定的信仰、有博大的胸怀、股份或表决权最多、全职投入、拥有独特资源、处事公正及善用能人。

其中，善用能人很重要，因为没有完美的个人，只有完美的团队。刘邦是值得学习的带头人。根据《资治通鉴》等记载：

帝置酒洛阳南宫，上曰："彻侯、诸将毋敢隐朕，皆言其情：吾所以有天下者何？项氏之所以失天下者何？"高起、王陵对曰："陛下使人攻城略地，因以与之，与天下同其利；项羽不然，有功者害之，贤者疑之，此其所以失天下也。"高祖曰："公知其一，未知其二。夫运筹策帷帐之中，决胜于千里之外，吾不如子房。镇国家，抚百姓，给馈饷，不绝粮道，吾不如萧何。连百万之军，战必胜，攻必取，吾不如韩信。此三者，皆人杰也，吾能用之，此吾所以取天下也。项羽有一范增而不能用，此其所以为我擒也。"

可见，刘邦能够善用能人，人尽其才，同时能做到与天下人利益共享，是合格的带头人。

2. 决策机制

当公司出现战略方向、业务发展方向上的冲突时，该听谁的？是听第一大股东的，还是根据表决权来决策，或是少数服从多数？

在进行股东议事规则设计时可参考如下内容。

(1) 在战略和业务方面如果未达成一致意见，以甲方的意见为最终决策，同时甲方对决策所带来的风险及损失，做相关承诺及承担不利后果。

(2) 根据决策失误所产生的损失额度的一定比例对等承担不利后果，包括以下几项：取消全部或部分甲方的股权激励、扣减甲方的部分薪资(根据损失大小)及优先亏损甲方所投资的本金。

3. 责任承担

责任承担主要表现在两个层面：一是股东层面上，例如项目出现亏损或产生风险时责任承担大小的认定。如果某些股东反对，第一大股东还是去做了，假如项目投资失败了，此时第一大股东是把部分股份转让，还是赔偿现金给公司，或是赔偿现金给投反对票的股东？

二是合伙人层面上，例如第二批合伙人由创始合伙人当中的两名推荐，当新加入的合伙人出现损害公司行为时，创始合伙人如何担责？

在进行股东议事规则设计时可参考如下内容。

创始合伙人与新推荐的合伙人实行"结对子"及"连坐"制度，即当出现新合伙人因过错退出情形时，创始合伙人应付出"经济"与"政治"处罚的双重代价：一是连续两年分红打对折；二是剥夺"政治权利两期"，即取消后两期的推荐资格。

唯有此，通过严把新合伙人的选拔关，才能确保公司合伙人队伍的纯洁性、创始合伙人推荐的慎重性及荣誉感。

4. 利益选择

利益是最考验人性的。例如何时分红？分红的标准是什么？投资人进入后，股东是选择出售部分股权，改善股东生活，还是将钱放在公司里，做大企业呢？

在利益选择问题上，大家切记：不要用兄弟情谊去追求共同利益，而应该用共同利益去追求兄弟情谊。

在进行股东议事规则设计时可参考如下内容。

(1) 为了公司的中长期发展，在公司扣非后净利润(经营性净利润)超过500万元且公司账面货币资金余额大于13周公司运营资金时，启动分红。

(2) 公司上一年财务年度亏损未弥补前，不得分配利润；上一个财务年度未分配的利润，可并入本财务年度利润后进行分配。

(3) 根据公司业绩目标达成情况及股东的贡献，如果扣非后净利润(经营性净利润)超过500万元，公司给予股东扣非后净利润的5%～15%(在董事会设立前，具体比例由股东会决定，在董事会设立后由董事会决定)，进行激励性分红，由该股东制定相关分配方案并报备后实施，并税前列支。

(4) 若公司决定分红，则所有的税后可分配利润按照持股比例分配。

(5) 如公司现金流充沛(另由股东会决定)，经股东一致同意后，可提取一定比例的现金按持股比例分配，以改善股东生活。

(二) 分工合作

在进行股东议事规则设计时，与股东分工合作有关的内容如图2-3所示。

图2-3　与股东分工合作有关的内容

1. 个人的分工

股东权责应对等，例如可以规定哪些股东负责采购？哪些股东负责销售？当股东之间产生冲突了，听谁的？

在实操中，我们可以参考如下内容。

(1) 对于股东负责的专业事务，公司实行"专业负责制"原则，由负责股东提出意见和方案，如其余股东无反对意见，则由负责的股东执行。

(2) 如其余股东均不同意，公司执行董事仍不投反对票，负责股东可继续执行方案，但执行董事应就负责股东提出的方案执行后果承担连带责任。

2. 领取多少工资

分工后，股东就面临一个问题，即股东是否在公司里领取工资？是全职股东领取工资，还是兼职股东领取工资，或是都领取工资？领取多少合适？

在进行股东议事规则设计时可参考如下内容。

鉴于公司新成立，资金要多用于公司经营上，公司给股东的工资只是保障性的支出。全体股东约定：在公司得到B轮融资时，外部投资人优先收购张三与李四两名股东所持有的股份，对应的金额不得低于股东工资差额部分(例如股东张三目前创业时年薪为12万元，以前打工时年薪为60万元，则外部投资人应以每年高于48万元的总值收购张三所持有的股份)。

工资补差额后，张三与李四股东的年薪标准纳入公司的薪酬体系，且不得在C轮及以后融资中再另行变现。

创业是有风险的，当公司亏损时，股东不得提出工资补差额的要求。

二、治理结构及经营层面

(一) 治理结构

一般来说，公司治理结构内容表现为股东在公司章程、股东会、董事会等方面的议事规则，如图2-4所示。

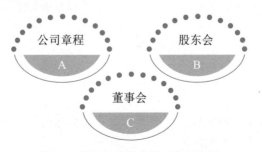

图2-4　公司治理结构的三方面内容

1. 公司章程

公司章程虽然是公司的"宪法"，但制定时一般采用工商管理部门的参考模板，不会做过多修改，只有股东之间产生纠纷，才拿出来研究。

所以，老板在能绝对控制公司时，应把公司章程修改成对自己最有利的内容，即进行个性化设计。这部分的内容，请参阅本章第三节"公司章程与股东协议哪个法律效力等级高"的规定。

2. 股东会

股东会有哪些职权？股东会开会时间上有什么要求？由谁来召集及主持？股东是否按持股比例表决？公司章程是否有同股不同表决权的设计？法定代表人如何产生及罢免？这些都是股东会方面议事规则设计的内容。

在进行股东议事规则设计时可规定股东会具有以下职权。

(1) 决定公司经营方针和投资计划；

(2) 选举和更换董事、监事，决定有关董事、监事的报酬事项；

(3) 审议和批准执行董事的报告；

(4) 审议和批准监事会的报告；

(5) 审议和批准公司的年度财务预算方案、决算方案；

(6) 审议和批准公司的利润分配方案和弥补亏损方案；

(7) 对公司增加或减少注册资本做出决议；

(8) 对公司合并、分立、解散、清算或者变更公司形式做出决议；

(9) 修改公司章程；

(10) 对公司聘用、解聘会计师事务所做出决议；

(11) 审议和批准公司章程第××条规定的担保事项；

(12) 审议公司在一年内购买、出售重大资产超过公司最近一期经审计总资产50%的事项；

(13) 审议股权激励计划；

(14) 审议法律、行政法规和公司章程规定应该由股东会决定的其他事项。

3. 董事会

公司是否设立董事会？董事会席位如何分配？董事是否有任期？董事在任期内是否可以罢免？董事长由谁担任？董事如果不称职如何被罢免？选举董事或监事时是否应采取累积投票制？这些都是董事会方面议事规则设计的内容。

案例2-2 累积投票制如何让9名小股东推举的2名董事顺利当选

某公司要选5名董事，该公司股份共有1000股，股东共10人，其中1名大股东持有510股，即拥有公司51%股份；其他9名股东共计持有490股，合计拥有公司49%的股份。

若按直接投票制度，每一股有一个表决权，则控股51%的大股东就能够使自己推选的5名董事全部当选，其他股东毫无话语权。

但若采取累积投票制，表决权的总数就成为1000×5=5000(票)，控股股东总计拥有的票数为2550票，其他9名股东合计拥有2450票。

根据累积投票制，股东可以集中投票给一个或几个董事候选人，并按所得同意票数多少的排序确定当选董事。

因此从理论上来说，其他股东至少可以使自己的2名董事当选，而控股比例超过半数的股东最多只能选上3名由自己提名的董事。

不过这是股份公司的做法，不适用于有限公司，但有限公司可以参考。

进行股东议事规则设计时可规定董事会具有以下职权。

(1) 决定召集股东会，并向股东会报告工作。

(2) 决定公司的经营方针。

(3) 审定公司的年度经营计划、财务预算方案、决算方案。

(4) 制定公司年度财务预、决算方案。

(5) 制定利润分配方案和弥补亏损方案。

(6) 制定公司增减注册资本方案。

(7) 聘任或者解聘公司总经理。根据总经理提名，聘任或者解聘公司副总经理、财务负责人，决定其报酬事项。

(8) 审定公司的基本管理制度。

(9) 对公司的各类风险进行管理，监督公司财务控制系统和审计系统的运行。

(10) 拟订公司合并、分立、变更公司组织形式、解散方案。

(11) 决定公司的经营计划和投资方案。其中，一次性投资在人民币××万元(含本数)以内的，由董事会决定；一次性投资超过人民币××万元的，由股东会表决决定。

但董事会决定的当年累计投资额不得超过公司净资产的××%；对于重大投资，董事会应当确定其运用公司资产所做出的风险投资权限，建立严格的审查和决策程序；对于重大投资项目，应当组织有关专家、专业人员进行评审，并报股东会批准。

(12) 确保公司遵守国家有关法律、法规和公司治理结构的有效性。

(13) 提议召开临时股东会。

(14) 拟订公司的章程修改方案。

(15) 拟订董事的津贴标准预案，决定副总经理以上高管人员的薪酬，根据年度工作业绩决定经营班子的奖励数额和分配方案。

(16) 听取总经理的工作汇报并检查总经理的工作。

(17) 法律、法规或公司章程以及股东会授予的其他职权。

(二) 经营层面

股东议事规则设计在经营层面主要包括5个方面内容，如图2-5所示。

图2-5 经营层面的内容

1. 财务透明

股东查看财务报表的频次，是每季度一次，还是每半年一次，或是每年一次？

进行股东议事规则设计时，在财务透明方面可参考如下内容。

(1) 每年结束后90日内，提交经由各股东共同接受的审计事务所按中国会计准则审计的公司的年度财务报表。

(2) 每月度结束后30日内，提交公司未经审计的月度财务报表或公司的管理报表、业务数据、经营分析等相关数据。

(3) 每年结束前的45日内提供下年度经营预算。

(4) 股东有权查阅年度经营记录、会计记录、账簿、财务报告。股东有权委托第三方对公司进行财务审计(注：但由查阅股东承担成本)，公司应积极配合并提供必要的条件与资料，以便有查阅需要的股东完成上述审计调查工作。

2. 盈利分配

如果公司盈利了，是否应分配红利？是否要计提公司发展基金？ 是否有同股不同比例分红的约定？进行股东议事设计时，在盈利分配方面可参考表2-1。

表2-1　盈利分配的参考内容

股东	出资金额/万元	实股占比	分红比例
甲	80.00	80%	55%
乙	20.00	20%	25%
丙	—	—	20%
备注	丙未出资	工商注册股	同股不同分红

3. 亏损承担

亏损时，各股东按同比例增资还是将企业关门注销？

进行股东议事规则设计时，在亏损承担方面可参考如下内容。

(1) 股东以各自认缴的出资额为限，对目标公司债务承担有限责任。

(2) 如股东已完成100%实缴并且经营性现金流为负时，各股东同意按同比例进行增资，以补充公司的资本金。

如任一方因各种原因不能按同比例增资，由另一方定向增资扩股，不增资的一方则同比例稀释。

如各方都不能增资，可向各方认可的第三方定向增资扩股。

如未有合适的第三方增资且目标公司经营难以维系，则启动清算程序。

4. 高管任免

总经理的职责有哪些？总经理、副总经理、财务负责人如何产生？如何罢免他们？异地开设子公司，总经理担任法定代表人吗？总经理是否有任期限制？这些都是高管任免方面议事规则设计的内容。

进行股东议事规则设计时，在高管任免方面可参考如下内容。

(1) 总经理由董事长提名，由董事会聘任；副总经理由总经理提名，由董事会聘任。总经理主持公司经营和管理工作，组织实施董事会决议，对董事会负责。

(2) 总经理每届任期三年，总经理任期从董事会决议通过之日起计算。总经理可以连聘连任，但最多不得超过三届。

总经理任期结束后，公司启动对总经理的补偿机制，补偿金额=原总经理在任期间创造的增量净利润×1.0%。支付须同时满足以下两个条件：第一个条件，公司分两年，于每年的7月份等额支付，税务成本由原总经理承担；第二个条件，公司在新总经理带领下实现净利润(注：与原总经理离任前一年相比，考核核算周期为完整的财年，即1月—12月)增长率大于25%，否则补偿金额=总经理历年创造的增量净利润×1.0%×(当年实际完成净利润/上年度净利润)；如果某年的净利润增长率=0，则取消原总经理当年的补偿。

(3) 总经理责权利包括三个部分：一是业务权，二是财务权，三是人事权。

5. 对外担保

股东是否可以公司名义对外担保？如果能对外担保，应由股东会批准还是应由董事会批准呢？担保的流程是什么？担保的金额是多少？这些都是对外担保方面议事规则设计的内容。

进行股东议事规则设计时，在对外担保方面可参考如下内容。

(1) 公司对担保事项实行统一管理。未经公司批准，子公司不得对外提供担保，不得相互提供担保，也不得请外单位为其提供担保。

(2) 被担保方应符合以下条件：经营和财务方面正常，不存在比较大的经营风险和财务风险；被担保方或第三方以其合法拥有的资产提供有效的反担保。

(3) 公司对外担保的决策权限。

① 担保金额占公司最近一期经审计净资产10%以下的对外担保，由公司董事会审议批准；由董事会审批的对外担保，必须经出席董事会的三分之二以上董事审议通过并做出决议。

② 担保金额占公司最近一期经审计净资产10%以上的对外担保，应提交公司股东会表决，且应当经出席会议的股东所持表决权的三分之二以上通过。

③ 公司为股东、实际控制人及关联人提供担保的，不论数额大小，均应当在董事会审议通过后提交股东大会审议。

股东会在审议为股东、实际控制人及其关联方提供的担保议案时，该股东或受该实际控制人支配的股东，不得参与该项表决，该项表决由出席股东大会的其他股东所持表决权的三分之二以上通过。

(4) 担保合同必须符合有关法律规范，合同事项明确。担保合同需由公司法律顾问审查，必要时交由公司聘请的律师事务所审阅或出具法律意见书。

(5) 担保合同、反担保合同由公司董事长或授权代表签订。

三、股东考核及股东退出

(一) 股东考核

股东分为两种：不参与经营的股东和参与经营的股东，如图2-6所示。在进行公司治理制度设计时对他们的考核规定是不一样的。

图2-6　股东是否参与经营

1. 对不参与经营的股东的考核

案例2-3　不参与经营的股东出资100%，但分红比例由60%降至20%

两个青年人创业，主要从事汽车后市场业务，需要100万元启动资金。此时一个做投资的老板张三，愿意出资100万元，不参与经营，并约定占60%股份。经过3年的发展，该创业公司收入超过1亿元，利润达到3000万元。

此时，可以约定当公司利润小于500万元时，按持股比例分配，也可以选择同股不同分红的分配方式；利润达到1000万元时，张三可以让渡10%股份给创始团队，当然要谈好价格，也可以半卖半送。

此时公司股权结构为50%：50%。

当公司利润达到2000万元时，张三再让渡10%股份，此时张三占40%股份，而创始团队占60%股份。

当公司利润达到3000万元时，张三再让渡10%股份，此时张三占30%股份，而创始团队占70%股份。

最后，当公司利润达到5000万元时，张三保留20%股份。

2. 对参与经营的股东的考核

对参与经营的股东有无考核机制？股东完不成目标，怎么办？是分红少一些，还是让股东直接退出？股东经营业绩超过目标怎么办？如何预防股东躺在功劳簿上睡大觉？这些都是股东考核方面股东议事规则设计的内容。

在进行股东议事规则设计时，对参与经营的股东的考核可参考如下内容。

(1) 全体股东同意按照各自分工进行考核，且对股东考核的结果与当年的分红直接相关。分红金额=资金股对应分红×60%+人力股对应分红×40%。

(2) 若股东当年考核得分低于75分(含)时，定义为不达标，此时股东的人力股不得享受对应的分红[举例：假设股东A持股30%，按照同股同分红模式应分30%红利，如果股东A考核得分为65分，按此规则，股东A分红比例为18%(30%×60%+0×40%)]。

运用此机制的前提是，绩效考核方案要科学，且全体股东达成共识。

但这种分红方案解决不了股权的问题。因为，即使股东分红为零，但股东的工商注册实股仍然受法律保护。因此，实操中要设置股东退出机制。

(二) 股东退出

股东退出环节与公司治理制度相关的内容有两部分，如图2-7所示。

图2-7 股东退出环节与公司治理制度相关的内容

1. 正常退出

股东正常退出的情形包括股东正常离职退出、因考核不达标而退出、因丧失劳动能力而退出、因公死亡而退出、因离婚而退出、因退休而退出等。

股东正常退出情形下，在进行股东议事规则设计时可参考如下内容。

若股东连续3年考核不达标，将触动股东"正常退出"条件，退出价格(可参考表2-2)上浮20%；股权转让接受人仅为第一大股东，其他股东承诺放弃优先购买权。

表2-2 股东不同退出情形对应的退出价格

不同退出情形	原值部分	回购			分红	支付方式	办理时间
		增值部分					
		<2年	2~<4年	≥4年			
考核不达标	1.0倍	无	无	无	无	办理好工商手续后支付50%；剩余50%，在竞业期内等比发放	7个工作日内办理完毕
同意离职	1.0倍	无	0.1~<0.3倍	0.3~<0.5倍	无		
主动离职	1.0倍	无	无	无	无		
因公死亡	1.0倍	1.0倍			续发1年	办理好工商手续后一次结清	10个工作日内办理完毕
退休	1.0倍	1.0倍			续发2年		

① 原值部分=原始投入(即经考核后实际所得的数量)；

② 增值部分=(退出当年每股净资产-原始投入时每股净资产)×对应的股份数量(上述增值部分的比例区间由公司股东会决定)；

③ 员工退出时原值部分和增值部分不计利息；

④ 考核不达标是指连续3次年度考核为C档，考核自员工在本制度上签字时开始计算；

⑤ 退休是指男同志达到国家法定年龄60周岁和女同志达到国家法定年龄55周岁，并取得政府相关部门颁发的退休证。

2. 过错退出

过错退出，即股东因过错而退出。那么，在股东损害公司利益时，如何退出？在进行公司治理制度设计时主要应考虑退出触动条件、退出价格、退出时间约定等，如果是溢价退出，那么股份应转让给谁？应转让给第一大股东还是转让给其他股东？

特别对于中小股东，在进行股东议事规则设计时应约定其退出后不得从事与本公司相冲突的业务，假如出现了怎么处理？

股东因过错退出情形下，在进行股东议事规则设计时可参考如下内容。

1) 退出情形方面的规则设计

(1) 员工在任职期间，发生受贿、索贿、挪用、盗窃等行为。

(2) 违反《保密、知识产权保护和竞业禁止协议》，即员工在公司任职期间发生违反保密规定、泄露公司商业秘密等行为；本人或其亲属(包括配偶、子女、父母、兄弟姐妹等)开设相同或相近的业务公司。

(3) 严重违反公司的规章制度，详见《××公司员工手册》的规定。

(4) 其他违反国家法律法规并被刑事处罚的行为。

2) 退出金额方面的规则设计

对于上述4种情形，公司将无过错与员工解除劳动合同关系，且按其造成损失(包括直接损失、间接损失、声誉损失等)金额的大小做如下规定。

(1) 如果给公司造成损失金额小于10万元，则将"人力股"以0元价格转让给有限合伙企业的普通合伙人或普通合伙人指定的人员；对于"资金股"，按入股资金×50%核算应退金额后无息退出。

(2) 如果给公司造成损失金额大于等于10万元，将入股资金按实际损失金额的1.5至5倍扣除，无息退还剩余出资金额；如果入股资金金额不足以扣除实际损失金额，或须另外赔偿公司损失的金额，由其另行支付。

(3) 如果给公司造成的实际损失金额大于其入股资金，入股金按0元退出，不足部分或须另外赔偿公司损失的金额，由员工另行支付。

最后，笔者对本节内容做一个小结：

在股东的发展方向方面，共识大于规则；

在股东的分工合作方面，聚焦能力互补；

在股东的治理结构方面，树立老大地位；

在股东的日常经营方面，激励业绩倍增；

在股东的考核机制方面，预防不劳而获；

在股东的退出机制方面，朋友还是朋友。

第二节
如何合法召开股东会

当公司经营需要做出重大决策时，往往需要召开股东会。股东会必须依照《公司法》及公司章程规定的程序发出会议通知及召集会议，且出席人数及表决权要达到一定的比例，否则股东会决议可能无效，存在被撤销或不成立的可能性。

一、开会通知要合法

（一）会议类型

1. 定期会议

定期会议是指按照公司法或公司章程的规定定期召开的股东会会议。就有限责任公司而言，《公司法》并未规定何时召开定期会议，而是交由公司章程来决定。

在实务中，绝大多数公司章程规定"定期会议每年召开一次"，也就是我们经常所说的年度股东会。

2. 临时会议

临时会议是指定期会议之外的股东会会议。《公司法》第39条规定："代表十分之一以上表决权的股东，三分之一以上的董事，监事会或者不设监事会的公司的监事提议召开临时会议的，应当召开临时会议。"即这三种人拥有提议召开临时股东会的法定权利。若公司章程在法律规定基础上，赋予其他主体以召开临时股东会权利的，则同样有效。

（二）会议时间

《公司法》第41条规定："召开股东会会议，应当于会议召开十五日前通知全体股东；但是，公司章程另有规定或者全体股东另有约定的除外。"

1. 会议召开前十五天通知

在无公司章程或全体股东约定的情况下，提前十五天是法律规定的最短通知时间。如果提前期少于十五天，将导致股东会召集程序违法，由此做出的决议有被撤销的风险。

2. 公司章程另有规定或者全体股东另有约定的，按章程规定或股东约定执行

例如，公司章程规定，公司召开股东会会议应提前五天向全体股东发出通知，或者全体股东一致同意马上召开的，就不必遵守前述所规定的十五天开会通知期限。

案例2-4 提前10天通知的股东会决议有效吗

甲公司股东为张三(持有70%股份，担任公司执行董事、法定代表人)和李四(持有30%股份，担任公司监事)。

2015年7月21日，李四向张三和甲公司发出《关于提议召开临时股东会会议通知》，以公司监事的名义提议在十五日内召开临时股东会。

2015年8月5日，张三委托甲公司员工向李四发送手机短信，通知于8月15日上午10：00在公司财务部召开股东会。

2015年8月15日，甲公司召开股东会，张三到会，李四缺席。

法院经审理认为：

①张三未提前15日通知李四；②虽然李四曾提议在15日内召开临时股东会，但李四和张三并未就召开会议的具体时间达成一致意见；③无《公司法》第41条规定的全体股东另有约定的情形；④甲公司的章程就召开临时股东会的通知无特殊规定。

因此，法院判决：因临时股东会的召集程序违法，甲公司于2015年8月15日做出的股东会决议无效。

3. 会议召开前提前通知"全体股东"

一旦遗漏被通知股东，则构成会议召集程序瑕疵。"全体股东"应以企业注册登记、公司章程或股东名册记载的股东信息为准。其中：①未出资或未完全出资的投资人未经依法除名前，仍具有股东资格，属于股东范畴；②如果公司自然人股东死亡，应通知该自然人股东的全部继承人参会；③隐名股东一般无参会资格，但其他股东知晓并认可其股东身份的除外。

股东既可以出席股东大会，也可以委托代理人出席会议并行使表决权。代理人出席股东会会议的，应当持代理人本人身份证件、股东盖章或签字的身份证明文件，以及股东出具的《授权委托书》。

《授权委托书》可以参考如下内容：①代理人的姓名和身份信息；②代理人的具体权限范围，如现场表决并代为签署相关文件；③分别对列入股东会议程的每一审议事项投赞成、反对或弃权票的指示；④委托书签发日期和有效期限；⑤委托人签名、盖章。

《公司法》并未规定必须采取书面方式发出会议通知。因此，在公司章程未有约定的情况下，即便是口头通知也未尝不可。不过，为了确保送达，避免就是否通知了某股东发生争议，最好还是采取书面方式通知股东参会。

为稳妥起见，笔者建议，召集人除了将会议通知通过特快专递寄送给全体股东，还应同时(不建议单独)通过电子邮件、微信、短信等多种方式将会议通知发送给各股东。其中，针对特快专递方式，建议通过邮政快递(EMS)，并留存快递单据的原件和官网查询的投妥证明。

二、召集顺序要合法

《公司法》第40条规定："有限责任公司设立董事会的，股东会会议由董事会召集，董事长主持；董事长不能履行职务或者不履行职务的，由副董事长主持；副董事长不能履行职务或者不履行职务的，由半数以上董事共同推举一名董事主持。有限责任公司不设董事会的，股东会会议由执行董事召集和主持。董事会或者执行董事不能履行或者不履行召集股东会会议职责的，由监事会或者不设监事会的公司的监事召集和主持；监事会或者监事不召集和主持的，代表十分之一以上表决权的股东可以自行召集和主持。"

案例2-5　监事召集股东会议，合法吗

乙公司法定代表人张三，任公司执行董事，持有50%股份；李四持有8%股份；王二持有42%股份，任公司监事。

2017年10月3日，王二通过EMS通知其他股东，定于2017年10月10日在公司会议室召开股东会。

2017年10月10日，股东会召开，在张三、李四未到场情况下形成决议，同意为某企业进行2000万元的连带担保。

张三起诉，请求法院撤销该决议。

法院经审理认为：

首先，王二不是召集和主持股东会的合格主体；其次，违反召开股东会应提前十五日通知全体股东的规定。

因此，法院判决：股东会决议无效，同意撤销。

股东会的合法召集人存在法定的"先后顺序"，特别是股东的自行召集，必须以董事会(执行董事)或监事不履行职责为"前置"条件，股东未经前置程序即自行召集的股东会会议，可能构成无效。

三、送达地址要准确

法律虽然没有限制会议通知的具体方式，但通知到每一位股东是会议召集人必须履行的法定义务。实践中，很多股东会决议被撤销也因部分股东称"未收到会议通知"。

会议通知未能实际送达参会人，或虽通知到参会人但未能保留相应证据，相关决议可能被撤销。

案例2-6 开会地址不当会导致股东会决议无效吗

A公司股东为甲、乙、丙、丁，持股比例分别为33%、33%、17%、17%。甲为公司执行董事并担任法定代表人，乙为公司监事。

2016年12月26日，股东丁向公司其他三名股东邮寄了股东会会议通知，内容为："经丁股东提议，公司定于2017年1月12日上午9：30在××地方召开公司临时会议，请届时参加。"

向股东甲邮寄通知的地址：××区××街道888号；载明的内件品名：信函。

2017年1月12日，乙、丙、丁三人签署了股东会决议，内容为解除甲的执行董事职务，选举股东乙担任执行董事。

一审庭审中，A公司委托诉讼代理人陈述："邮寄给股东甲的会议通知被寄到其丈夫在××区所开的公司。"

股东甲认为："未收到该股东会会议通知，且××区××街道888号并非其户籍地和住所地。"

另查明，A公司给甲的邮件投递单显示：邮件为他人代收(门卫)。

南京市江宁区人民法院一审判决A公司2017年1月12日的股东会决议不成立。

后A公司提起上诉，南京市中级人民法院二审判决驳回上诉，维持原判。

在股东会开会通知这件事情上，法院强调的是"送达"，而不是"发出"，也就是说要证明通知已有效送达相关股东，而不是自以为发出就算是送达了。

在进行公司治理制度设计时，送达地址方面可参考如下内容。

(1) 任何与本协议有关的由一方发送给其他方的通知或其他通信往来(简称"通知")应当采用书面形式(包括电子邮件)，并按照下列通信地址或通信号码送达被通知人，并注明下列各联系人的姓名方构成一个有效的通知。

(2) 若任何一方的上述通信地址或通信号码发生变化(以下简称"变动方")，变动方应当在该变更发生后的七个工作日内通知其他方。变动方未按约定及时通知的，变动方应承担由此造成的后果及损失。

四、通知内容要具体

一般会议通知应具备三要素，即时间、地点、审议的事项。审议的事项包括具体议案内容，例如董事会换届、修改公司章程、员工股权激励计划、对外担保、审议明年预算等。同时，建议在会议通知后附上《授权委托书》模板。

最后，笔者对本节内容做一个小结：

(1) 通知人。召开股东会会议，应由会议召集人发出会议通知。

(2) 通知的对象。股东会由全体股东组成，因此召开股东会会议时应通知公司全体股东，无论该股东持股比例多少、持股时间长短、是否履行了出资义务。

(3) 通知的方式。

① EMS邮寄方式送达，并明确标注"××公司××××年度第××次股东会(××××年××月××日)会议通知"。邮寄前，将快递的单号、通知书、邮封一并拍照，并在快递签收后，在EMS官网上截取投妥记录。

② 电子邮件送达，在邮箱中设置邮件查看的"自动发送回执"，并明确要求回复邮件。

③ 公证送达，保全送达文书证据。

④ 公告送达，公告时间应满足通知期限，并确保拟决议事项描述清晰。

⑤ 公司章程约定的其他送达方式，根据章程规定执行。

为了确保送达，建议事先预留股东联系方式，并经股东本人签字确认。

第三节
公司章程与股东协议哪个法律效力等级高

俗话说，凡事都要有个章程，大家都知道只要设立新公司，就会通过章程来约定股东之间的一些权利义务关系。除了章程外，因为种种原因，股东之间还会另外签订股东协议。但这样做往往会造成公司章程和股东协议之间的一些约定存在冲突，就容易引发矛盾、产生纠纷、破坏和谐。

那么，当公司章程和股东协议两者就同一问题的约定不一致、有冲突时，该如何适用呢？

案例2-7 | **股东协议规定丙的表决权为40%，章程规定丙的表决权为20%，哪个法律效力等级高**

A公司成立于2015年8月，股东为自然人甲与其配偶乙，持股比例分别为80%及20%。

2019年5月，自然人乙与自然人丙签订《股权转让协议》，约定乙将其持有A公司20%的股权全部转让给丙，转让款为500万元，甲放弃优先购买权。

股权转让协议同时约定：丙持股比例为20%，但表决权比例为40%。协议签订后，甲与丙去市场监督管理局办理工商登记时，套用了市场监督管理局提供的公司章程模板，但未在公司章程中对双方有关表决权的特别约定进行规定。

2019年12月，股东甲急需引进风投机构投资，但丙不同意，认为现阶段不需要。

在股东会上，甲与丙争执不下，丙认为他持有40%的表决权。

但甲认为公司章程未做同股不同表决权的规定，在A公司甲具有决策权。

对此甲与丙对簿公堂，法院经审理认为：

根据《公司法》43条：“股东会的议事方式和表决程序，除本法另有规定的外，由公司章程规定。”

另外，A公司新章程的签订时间晚于股东协议，且没有出现“当两者出现冲突时，以股东协议为准”的字眼。

综上所述，甲在A公司具有决策权。

当股东协议中存在某些不便载入公司章程的约定内容的情形时，为了避免股东间争议，可以在公司章程中注明一句话：“本章程与股东出资协议不一致的，以股东协议为准。”

或者在股东协议中明确：“股东协议自股东各方签章之日起生效，不因公司章程的签署而被取代或变更；公司章程条款与股东协议内容不一致的，以股东协议为准。”

一、公司章程与股东协议的5个区别

公司章程由公司发起股东订立，在市场监督管理部门登记备案，是股东共同一致意愿的表示，是规定公司名称、住所、经营范围、经营管理制度等重大事项的基本文件。

本质上，公司章程是公司的“宪法”。

股东协议是指公司股东之间签订的协议，协议包括公司估值、同股不同表决权、同股不同分红、一票否决权、股权成熟机制、股权转让限制、优先购买权、共同出售权等事项。

本质上，股东协议是股东之间的"约定"。

案例2-8 **股东内部协议转让股权，但与章程规定冲突，哪个法律效力等级高**

A公司注册资金100万元，有甲、乙、丙、丁四名股东，自设立以来从未盈利。2014年1月8日，丙股东将其持有的A公司的10%的股份，以100万元转让给甲股东，约定丙在协议签订后6个月内退资撤股，所有股东均在该股东协议上签字。

而后进行股权变更时，乙、丁两位股东以违反公司章程"在企业未盈利的情况下不得退股或进行股份转让"为由，请求法院撤销甲与丙签订的股东协议。

法院经审理认为：本案中的公司章程和股东协议均系所有股东签字确认过的，虽然股东协议约定的股权转让违反公司章程的相关规定。但《公司法》中关于股权转让属于任意性规范，可由公司自行约定，并且该股东协议系各方真实意思表示，内容不违反法律、法规的强制性规定，该股东协议合法有效。

综上所述，法院判决驳回乙与丁股东的诉讼请求。

如果本案中的股权转让并非发生在公司股东之间，而是转让给了第三方，就另当别论了。

公司章程一经合法制定，不仅对全体股东有效，而且对公司的董事、监事、高级管理人员等均有效力，表现出了类似规章的公示效力。

股东协议的效力一般只限于公司股东，涉及的范围也只限于协议约定的事项，表现的是合同效力。

基于两者以上的效力特点，在拟订公司章程时就要各有侧重。在制定公司章程时，要注重体现其公示作用，只对公司的重大事项做出原则性规定，并且赋权股东可就未尽事项做出约定；在制定股东协议时，要着眼于规范股东的权利义务、任务分工、股份代持、表决权的分配行使、股权的转让和退出等比较具体的事项，而且要明确这些约定具有优先效力。

公司章程和股东协议的具体区别如表2-3所示。

表2-3　公司章程与股东协议的区别

项目	公司章程	股东协议
适用法律	《中华人民共和国公司法》	《中国人民共和国民法典》
适用对象	对公司股东、董事、监事、高级管理人员具有约束力	对协议当事人具有约束力
登记备案	强制性文件，必须在市场监督管理部门备案	随意性文件，一般不在市场监督管理部门备案
内容差异	公司名称、经营范围、法定代表人的产生方式等	股东的责、权、利
修改程序	首次制定公司章程时，要求股东一致同意。公司成立后，经2/3以上表决权股东同意才能修改公司章程	订立协议的全体当事人一致同意

总之，公司章程和股东协议并非简单的取代关系，两者通常情况下是一种并行的关系，表现为以下两点。

(1) 在处理股东间权责问题时，如公司章程无相反规定，则应适用股东协议相关约定；在公司章程亦有规定时，应当根据实际情况进行区分，判定股东"真实意思表示"。

(2) 因股东协议无须对外公示，根据合同相对性原则，在处理股东协议等带有"对外"性质(即与股东协议当事人以外的第三方)事项时，应当优先考虑适用公司章程相关规定。在公司章程规定不明或是无相关规定时，股东协议相关约定可以作为补充适用。

二、公司章程的9项个性化规定

1. 对法定代表人任免的条款

法定代表人对外的效力相当于公章的效力，非常重要。根据《公司法》规定，法定代表人应由公司董事长、执行董事或者经理担任。但针对法定代表人的任免，《公司法》并无明确规定，因此具体任免办法以公司章程规定为准。

若董事长担任法定代表人：①在有限责任公司，董事长的产生办法由公司章程规定，一般可由董事会决定，也可由股东委派；②在股份有限公司，董事长由董事会全体董事的过半数选举产生。

若执行董事担任法定代表人，由于执行董事由股东会选举产生，故其法定代表人的任免由公司股东会决定。

若经理担任法定代表人：①在不设董事会的有限公司，在执行董事兼任总经理的情况下，法定代表人可由股东会选举产生，也可由其他方式确定；②在设立董事会的有限公司和股份公司，经理则由董事会任免。

考虑到法定代表人的重要性，建议在公司章程中对法定代表人的选任、变更的具体要求和程序予以明确约定。

此外，为了避免因资格丧失导致法定代表人缺失的情况，公司可以考虑在不违反法律、法规的情况下，对法定代表人的接任人选进行预先安排。

【范文参考】

第×条 若法定代表人因各种原因丧失任职资格，包括但不限于死亡、离职、退休、丧失民事行为能力、失踪、刑事责任、严重违反公司制度等情形，则由执行董事或其指定人员接任法定代表人职务，并办理工商变更登记。

2. 关于股权转让的条款

转让权属于股东的自治权，对于有限公司而言，对股权转让进行必要限制，尤其限制对外转让，是有限公司维护人合性和稳定性的重要途径。但相关限制应设有边界，否则很可能因侵犯股权自由转让这一公司法基本原则，从而导致条款无效。

在设计公司章程时，对股权转让可进行合理限制，但不能禁止。在实务中，可通过约定进行股权转让的前提条件、约定对外转让股权时的具体程序要求、明确受让主体的资质和要求等方式，实现股东关于合理限制股权转让的诉求。

【范文参考】

第×条 股东间内部转让股权属于股东会的一般决议事项，由自然人股东提出内部转让的意愿，执行董事应召开临时股东会讨论，确定股权受让方及其对价(注：一般会在股东协议中约定，当内部股东之间进行股权转让时，执行董事具有优先购买权)。

3. 关于引进外部投资的条款

公司经营到一定的阶段,为了扩大经营,除股东增加出资外,还可能需要引进外部资本。为了避免因引入资本而发生争议,对于创始股东而言,建议对资本引入的方式、方法等予以明确。

引入投资会导致公司股权结构的变更,直接关系到公司股东的利益,故建议在股东协议中进行约定。比如明确资本引入方式是增资还是股权转让;是稀释第一大股东股份,还是全体股东同比例稀释股份。

【范文参考】

第×条 公司未来引进外部投资人或对内增资扩股时,可能导致股东持有的公司股权比例被稀释或摊薄。全体股东承诺接受其所持股权同比例稀释,并放弃优先购买权。

第×条 如果公司注册资本金全部实缴后仍不能满足公司资金需要,则全体股东同意按各自股权比例对公司进行增资,除另有约定外,增资应以货币方式完成。

4. 关于员工持股平台的条款

如果公司未形成未分配利润或资本公积,则可以考虑以股权转让方式让员工持股平台进入公司,此时不会涉税;否则考虑以增资扩股方式进入公司。公司章程对此应有个性化的设计。

【范文参考】

第×条 公司未来成立有限合伙企业做员工持股平台时,可能导致股东持有的公司股权比例被稀释或摊薄,全体股东承诺接受其所持股权同比例稀释,并放弃优先购买权。

5. 关于股东离婚、死亡或刑事责任的条款

鉴于有限公司以人合为主,当股东出现意外或者发生其他可能对公司产生严重负面影响事件时,可考虑在公司章程中对股东继承资格等进行排除适用,并对股东退出后续事宜做出安排。

【范文参考】

第×条　自然人股东死亡，其合法继承人继承股东资格应当经其他股东同意。

股东应就其股东资格继承事项书面通知其他股东征求同意，其他股东自接到书面通知之日起满三十日未答复且公司股东会未做出减资决议的，视为同意继承。

不同意的股东应当购买该自然人的股权，股权转让价格为自然人股东死亡的上一年度末的公司净资产金额乘以收购的股权比例之积；不购买的，视为同意继承。

两个以上股东主张行使购买权的，协商确定各自的购买比例；协商不成的，按照转让时各自的出资比例行使优先购买权。

第×条　自然人股东离婚后，其离婚配偶不能直接取得股东资格，其他不同意离婚配偶加入的股东应当以上一年度末的公司每股净资产价格购买其持有的股权。

如果其他不同意股东不出资购买，则视为其离婚配偶直接取得股东资格。

第×条　自然人股东有受刑事处罚的违法行为，或严重违反公司制度、给公司造成重大损失等违规或违反公司章程忠实勤勉义务规定的行为，该股东应在行为发生之日起一个月内在赔偿公司损失后按股权的原值与上一年度末的公司每股净资产孰低者，将其所持有的全部公司股权转让给控股股东。

6. 股东和高管的竞业禁止条款

《公司法》第148条规定，董事、高级管理人员不得未经股东会或者股东大会同意，利用职务便利为自己或者他人谋取属于公司的商业机会，自营或者为他人经营与所任职公司同类的业务。

竞业禁止是法律对董事、高级管理人员忠实义务在法律上进一步的细化，通过法律明确规定禁止董事、高级管理人员在任职期限内从事与任职公司具有竞争业务关系的业务。

对于上述人员离职后是否继续承担竞业禁止义务的，法律层面没有明确规定，但一般认为，若企业未有相关决议或约定的，则上述人员离任后不再负有竞业禁止义务。

就此,若公司认为部分高管离职后发生竞业行为将对公司产生严重影响的,可与高管另行达成相关约定。

【范文参考】

第×条 公司的董事、高级管理人员不得有下列行为:

(1) 挪用公司资金;

(2) 将公司资金以其个人名义或者其他个人名义开立账户存储;

(3) 违反公司章程的规定,未经股东会或者董事会同意,将公司资金借贷给他人或者以公司财产为他人提供担保;

(4) 自我交易禁止:违反公司章程的规定或者未经股东会、股东大会同意,与本公司订立合同或者进行交易;

(5) 竞业禁止:未经股东会同意,利用职务便利为自己或者他人谋取属于公司的商业机会,自营或者为他人经营与所任职公司同类的业务;

(6) 将他人与公司交易的佣金归为己有;

(7) 擅自披露公司秘密。

第×条 公司的董事、监事和高级管理人员要及时披露其重要社会关系(包括但不限于父母、配偶、子女、兄弟姐妹、岳父岳母、妻的兄弟姐妹等)经营与公司相同或类似业务的情况。

《公司法》第20条规定:"公司股东应当遵守法律、行政法规和公司章程,依法行使股东权利,不得滥用股东权利损害公司或者其他股东的利益;不得滥用公司法人独立地位和股东有限责任损害公司债权人的利益。公司股东滥用股东权利给公司或者其他股东造成损失的,应当依法承担赔偿责任。"

对于不担任高管的股东,法律并没有明文规定这些股东的竞业禁止要求。虽然滥用股东权利在某种情况下可能表现为竞业禁止,但是《公司法》第20条与竞业禁止仍存在差异。

一般而言,在公司初始设立时或引入新股东时,为了防止拥有资源的股东离开后与公司发生竞争,通常会约定竞业禁止条款,若相关约定是股东间真实意思表示,且不存在无效、可撤销事由的,股东间关于竞业禁止的约定应当有效,股东应当遵守。

不同于劳动关系中的竞业禁止要求，原则上，股东间关于竞业的具体约定，包括补偿金的支付以及竞业期限等内容，应当有效。

但是，若相关约定明显违反公平原则，如终身竞业禁止，则同样可能被认定为无效。

【范文参考】

第×条 公司股东不得自营或者为他人经营与公司拥有同类业务的公司，在其他同类营业/不同类营业的公司兼职，不得利用股东从公司获得的交易信息为他人谋取交易机会。

违反上述规定的股东除依照《公司法》向公司和其他股东承担赔偿责任外，还必须在其行为被公司或其他股东发现后的_____日内，将其所持有的股权向实际控制人或指定的股东转让。

股份转让的价格按照其持有公司的股权比例，以公司上年度末的净资产确定。

7. 关于董事提名及预防公司治理僵局的条款

掌握过半数的董事会席位，就意味着控制了公司的日常经营管理。根据《公司法》的规定，有限公司董事的产生方式有4种。

(1) 选举。有限责任公司的董事一般经选举产生，《公司法》第37条规定，股东会行使选举和更换非由职工代表担任的董事、监事，决定有关董事、监事的报酬事项的职权。

(2) 决定。一人有限公司的董事，由股东决定产生。《公司法》并未就一人有限责任公司董事的产生形式另作规定，适用有限责任公司的规定。

(3) 委派。国有独资公司的董事由国有资产监督管理机构委派。根据《公司法》规定，委派董事，仅限于国有独资公司。

对于非国有独资公司的董事，公司章程中可以约定，由股东提名或推荐董事，然后由股东会选举产生，这才是合法程序。

(4) 职工董事。两个以上的国有企业或者两个以上的其他国有投资主体投资设立的有限责任公司，其董事会成员中应当有公司职工代表。董事会中的职工董事需经选举产生，只是选举主体是公司职工而非股东会，选举形式是职工代表大会、职工大会或者其他形式。

【范文参考】

第×条　创始股东或合伙人委员会有权提名公司过半数董事，修改公司章程中关于合伙人委员会提名董事的条款，需要获得95%股东通过。

公司增资扩股时，公司将同创始股东或合伙人委员会及新股东签订一项投票权协议。新股东同意：

(1) 在每年的年度股东会上投票赞同创始股东或合伙人委员会的董事提名人选；

(2) 在没有和创始股东或合伙人委员会取得一致意见的情况下，不罢免任何创始股东或合伙人委员会提名的董事；

(3) 用所持股份超过总股本30%部分的投票权支持创始股东或合伙人委员会的投票；

(4) 需在每年的年度股东会上，投票支持创始股东提名的董事以及合伙人委员会提名的董事当选；

(5) 在投票中与创始股东或合伙人委员会保持一致，包括批准交易或建议，选举或罢免任何董事，公司有关董事任免或董事会权力的公司章程修订等。

第×条　若股东在公司重大事项上产生争议，经充分协商仍无法达成共识，并且争议持续将可能影响公司利益和运营时，持有多数股权的股东可以强制收购持异议之少数股东股权，收购价格之计算方法同本章程确定。

第×条　股东之间因分歧较大，连续两次召开股东会均无法形成股东会决议时，公司应在60天内按照市场公允价值收购股东的股份。

8. 股东的知情权条款

股东知情权，是指法律赋予股东通过查阅公司的财务会计报告、会计账簿等有关公司经营、管理、决策的相关资料，实现了解公司的经营状况和监督公司高管人员活动的权利。

股东知情权既涉及股东利益的实现，也影响公司利益的保护，因此知情权的行使需要合理。

《公司法》第33条规定："股东(注：是有限责任公司的股东)有权查阅、复制公司章程、股东会会议记录、董事会会议决议、监事会会议决议和财务会计报告。股东可以要求查阅公司会计账簿。"

《公司法》第97条规定："股东(注：是股份有限公司的股东)有权查阅公司章程、股东名册、公司债券存根、股东大会会议记录、董事会会议决议、监事会会议决议、财务会计报告，对公司的经营提出建议或者质询。"

根据《中华人民共和国公司法(修订草案)》，"会计凭证"已被纳入股东行使知情权的范围。若该项规定得到最终确认，则实务中一直以来关于"会计凭证"的争议也将得到解决。

《最高人民法院关于适用〈中华人民共和国公司法〉若干问题的规定(四)》第八条规定："有限责任公司有证据证明股东存在下列情形之一的，人民法院应当认定股东有公司法第三十三条第二款规定的'不正当目的'：(一) 股东自营或者为他人经营与公司主营业务有实质性竞争关系业务的，但公司章程另有规定或者全体股东另有约定的除外；(二) 股东为了向他人通报有关信息查阅公司会计账簿，可能损害公司合法利益的；(三) 股东在向公司提出查阅请求之日前的三年内，曾通过查阅公司会计账簿，向他人通报有关信息损害公司合法利益的；(四) 股东有不正当目的的其他情形。"

股东要求查阅公司会计账簿的，应当向公司提出书面请求，说明目的。公司有合理根据认为股东查阅会计账簿有不正当目的，可能损害公司合法利益的，可以拒绝提供查阅，并应当自股东提出书面请求之日起十五日内书面答复股东并说明理由。

公司拒绝提供查阅的，股东可以请求人民法院要求公司准许查阅。

【范文参考】

第×条 股东查阅、复制第×条规定的文件资料，应签署保密协议。

对于那些仅限查阅或注明保密的资料，股东不能复印、扫描或者拍照，如有疑问，股东可以要求执行董事予以解释、说明。

如果因股东查阅、复制导致公司商业秘密泄露、合法利益受到损害，股东应当承担相应的法律责任。

9. 亏损承担及跟投的条款

公司一旦发生了亏损，股东是需要承担责任的，但是股东一般承担有限责任，亏损承担范围以其认缴出资额为限。

在认缴资本制度下，股东往往分批进行实缴出资。为了满足公司资金需要，股东间可通过约定特定情形下"出资加速到期"。

【范文参考】

第×条　如果公司运营中流动资金不足以支持公司正常运营，且股东出资尚未届至缴付期限的，经董事会或执行董事提议召开股东会，要求未出资股东提前缴付出资。

各股东应按照股东会决议通知的缴付期限完成跟投。

第×条　如果公司运营中流动资金不足以支持公司正常运营，且股东已全部实缴，经董事会或执行董事提议召开股东会，要求各股东同比例增资扩股。

各股东应按照股东会决议通知的缴付期限完成出资。未完成出资的股东承诺同比例稀释股权。

【范文参考】　　　　　　　股东同业禁止协议

甲方：××有限公司

法定代表人：

乙方：(姓名)

身份证号码：

鉴于：

1. 乙方系持有甲方10%股份的自然人股东。

2. 乙方因工作需要掌握甲方的商业秘密，为保护甲方的商业秘密及其合法权益，确保乙方在职时和离职后不与甲方同业竞争，甲乙双方根据《劳动合同法》《公司法》及《民法典》等法律法规规定，在遵守平等、自愿、协商一致、诚实信用的原则下，就乙方对甲方承担的竞业限制义务达成如下协议。

一、未经甲方许可，乙方在职时不得从事的行为

1. 自营与甲方同类业务。

2. 为他人经营与甲方同类型的业务。

3. 与他人合作、合伙经营与甲方同类型的业务。

二、乙方离职后的竞业禁止义务

1. 不论因何种原因从甲方离职，乙方应立即向甲方移交自己掌握的所有文件、记录、信息、资料、数据、笔记、报告、计划、来往信函、说明(包含但不限于上述内容之任何形式之复制品)，并办妥有关手续。

所有记录均为甲方绝对的财产，乙方保证有关信息不外泄，不得以任何形式留存甲方有关商业秘密，也不得以任何形式再现、复制或传递给任何人，更不得利用前述信息谋取利益。

2. 不论以何种原因从甲方离职，乙方离职后×年内不得在与甲方从事的行业相近的或相同的企业及与甲方有竞争关系的企业内工作。

3. 不论以何种原因从甲方离职，乙方离职后×年内自办与甲方有竞争关系的企业或从事与甲方商业秘密有关的商业活动、衍生产品的代理、生产及销售，甲方有知情权和参控股的权利。

4. 在从甲方离职后×年内，乙方不得直接或间接地通过任何手段为自己、他人或任何实体，以拉拢、引诱、招用或鼓动之手段使甲方其他职员离职或挖走甲方其他职员。

三、违约责任

乙方不履行规定义务的，应当承担违约责任，违约金须一次性向甲方支付，违约金为乙方离开甲方时上年度薪酬总额的10倍，同时，乙方违约给甲方造成损失的，乙方应当赔偿甲方损失，并且乙方所获得的收益应当全部归甲方所有。

四、争议解决

因履行本协议发生争议，甲乙双方应以协商为主，如果无法协商解决，争议一方或双方有权向上海仲裁委员会申请仲裁。

五、其他

1. 本协议提及的商业秘密，包括但不限于：客户名单、营销计划、活动计划、定价策略、财务资料等相关资料中甲方未公开宣传及发布的内容，甲方曾经公开宣传及对外发布的内容不属于本协议提及的商业秘密。

2. 本协议未尽事宜，或与今后国家相关规定相悖的，按有关规定执行。

3. 本协议一式两份，甲乙双方各执一份，具有同等法律效力。

第四节
控制权比股权比例更重要

关于股权控制权的问题，老板可以学习赵匡胤的"杯酒释兵权"，通过"留股让利"方式，让功臣们退出"大宋公司"股东行列，从而保证大股东对股东会的控制，确保大股东的老大地位。

当然大股东不能学"朱元璋炮打庆功楼"，以绞杀元老的方式来巩固其对"大明公司"的控股权。

总之，用和平方式解决争端总比流血好！

笔者总结了大股东掌握公司控制权的6个方法，如图2-8所示。

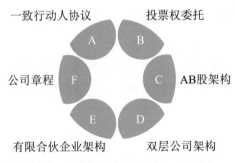

图2-8 掌握公司控制权的6个方法

一、一致行动人协议与投票权委托

(一) 一致行动人协议

一致行动，是指投资者通过协议或者其他安排，与其他投资者共同扩大其能够支配的一家公司股份表决权数量的行为或者事实。

一致行动人协议是指在企业准备上市或企业股权分散的状况下，有的股东想联合其他小股东扩大表决权时，各股东会签订一致行动人协议，以增强部分股东对公司的控制力及公司决策效率。

例如某公司的《一致行动人协议》规定如下。

【范文参考】

第一条 一致行动事项

在本协议存续期间，协议双方应就以下事项采取一致行动：

1. 涉及公司股东会的会议召集、会议提案、董事与监事等人事提名、会议投票、经营决策、公司管理等事项；

2. 根据《公司法》及公司章程，应由股东会决定的相关事项；

3. 会对公司未来发展、业务经营、资产权益、股东权益产生重大影响的事项；

4. 在《公司法》和公司章程规定范围内，甲方认为应采取一致行动的其他事项。

第二条 一致行动事项的执行

1. 甲乙双方同意，在就一致行动事项采取相应行动前，应就相关事项进行事先协商，并形成一致意见；若经协商无法达成一致意见，应以甲方的意见为准。

2. 乙方同意全权授权甲方代乙方行使各项股东权利，且未经甲方书面同意，乙方不得擅自委托他人行使表决权、提名权、推荐权、提案权等。

3. 乙方同意，未经甲方书面同意，不得就本协议约定的一致行动事项与他人采取一致行动。

关于一致行动人协议的内容，笔者概括为以下8个方面。

(1) 协议签订原因：一是保证控制权；二是保证决策高效，特别适用于股权比较分散的企业。

(2) 协议签订时机：一是在股东协议签订时，同时签订一致行动人协议，大家记住早签订比晚签订好，作为附件签订比单独签订好。二是公司对员工进行股权激励时，因为公司可能在入股价格上对员工做了一定的让步，此时让员工签订一致行动人协议，成功的概率较高。

(3) 协议签订对象，分为自然人股东和法人两种类型。有限合伙企业的有限合伙人不存在是否签订协议的问题。在实操中，协议签订的对象可以不公开。

(4) 协议签订期限，可以约定一定期限，也可以约定长期有效。

(5) 协议签订事项，包括股东会表决、董事和监事提名、对外担保、对外对赌、引进外部投资机构。可以就全部事项签署一致行动协议，也可以就部分事项签署一致行动协议。

(6) 对价内容。实操中，对价可分为三类，即零对价、职务保证(即给"名")及分红多些(即给"利")。

(7) 处罚内容。如果违反一致行动人协议，一是可以收取一定的违约金；二是赔偿一定数量的股份，这些处罚都可以写入协议中。

(8) 一致行动人协议的不足。被要求签订一致行动人协议的股东有较少或无任何话语权。因此签订协议的对价就显得很重要了，当然也取决于股东要什么，如果要利益就好办，如果图权利就难以达成一致了。

(二) 投票权委托

投票权委托指公司部分股东通过协议约定，将其投票权或表决权交给其他特定股东行使的规定。

例如京东在上市前，11家投资方将其投票权委托给刘强东行使，使得持有20%股份的刘强东通过投票权委托的设计，掌控京东上市前过半数的投票权。

我们来看一下投票权委托的法律依据，《公司法》第106条规定："股东可以委托代理人出席股东大会会议，代理人应当向公司提交股东授权委托书，并在授权范围内行使表决权。"

但这条法律适用于股份公司，对有限责任公司股东是否可以委托他人代行投票权没有做出规定。

大家掌握一个原则就行了，即"法无禁止即可为"。

笔者认为，投票权委托涉及以下5个方面内容，如图2-9所示。

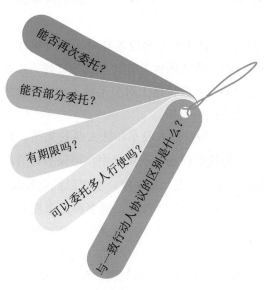

图2-9　投票权委托的5个方面

(1) 能否再次委托？

答：原则上只能行使一次，例如大股东甲将投票权委托给乙行使，但乙不能再次委托他人了。

(2) 能否部分委托？

答：可以。例如大股东甲可以约定就董事提名这一单项，或修改公司章程这一专项，将投票权委托给另一个股东乙来行使，也可把涉及股东投票的所有事项委托给其他股东来行使。

(3) 有期限吗？

答：可以是短期的，例如在召开股东会的那段时间内投票权委托有效；也可以是长期的，甚至是终身的。另外，上市公司要求投票权委托期限至少为一年。

(4) 可以委托多人行使吗？可以把自己持有的70%的股权委托两个人行使吗？即一个人行使50%的表决权，另一个人行使20%的表决权。

答：实操上可行。但要注意的是，为了避免陷入表决权行使不一致的尴尬局面，应当对表决权在不同代理人之间分配、行使做出明文规定。

(5) 委托投票权与一致行动人协议的区别是什么？

答：笔者用一句话来概括，就是一个不签字，一个要签字，即进行投票权委托时，受托人原则上可以不签字，而签署一致行动人协议，双方都要签字。

二、AB股架构与双层公司架构

(一) AB股架构

1. 什么是AB股架构

简单来说，AB股架构就是同股不同权。AB股权结构起源于19世纪末，发源于美国。

1989年，一家名为International Silver Company的公司发行了900万股优先股和1100万股无表决权的普通股。1902年，该公司将原本无表决权的普通股改为每股享有原始股二分之一表决权的股票，由此打开了双层股权结构的历史先河。

在国内一些在境外上市的大公司也采用了AB股的架构。例如刘强东占有京东15.8%股份，却拥有京东80%的投票表决权；李彦宏虽然只拥有15.9%的股权，却拥有53.5%投票权，牢牢地掌握了百度公司的控制权。

在实操中，A、B两类股票的持有人不同：A类股由普通公众和投资人持有，B类股由公司创始人持有。其中，B类股可以转为A类股，但A类股不能转为B类股。

案例2-9 **创始人张三如何通过AB股的设置，在持有20%股权的情况下拥有81%表决权**

甲公司由三名股东组成，分别为创始人张三(占有30%股份)、外部投资人李四(占有50%股份)、员工王二(占有20%股份)。张三为法定代表人，甲公司股权架构如图2-10所示。

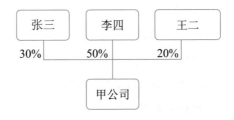

图2-10 甲公司的股权架构

甲公司确定搭建VIE[①]架构并赴美国上市，全体股东同意采取AB股架构，即创始人张三持有B股，每一股对应十倍的表决权(投票权)，而其他人持有A股，每一股对应一倍的表决权(投票权)。

此时三位股东的表决权(投票权)是多少？

张三的表决权(投票权)=30%×10/(30%×10+50%×1+20%×1)≈81.08%。

李四的表决权(投票权)=50%×1/(30%×10+50%×1+20%×1)≈13.51%。

王二的表决权(投票权)=20%×1/(30%×10+50%×1+20%×1)≈5.41%。

通过AB股架构，创始人张三对甲公司拥有绝对话语权及表决权。

2. 国内的AB股架构

因国内A股市场2019年6月前不承认AB股架构，所以有些公司只能赴海外上市。

---

① VIE，variable interest entiles，可变利益实体。

2019年6月13日，A股的科创板开板，允许AB股架构。

科创板对于采用AB股公司的上市门槛要求更高，例如市值要求不低于100亿元，或者市值不低于50亿元且近1年营业收入不低于5亿元。

科创板同时规定，下列事项不得使用AB股行使权力，即只能同股同权(1股1票)：①修改公司章程；②改变特别表决权股份的表决权数量；③聘请或者解聘独立董事；④聘请或者解聘为上市公司定期报告出具审计意见的会计师事务所；⑤公司合并、分立、解散或者变更公司形式。

2020年1月20日，第一家AB股权架构的科技创新企业——优刻得科技股份有限公司在科创板上市，该公司采取的AB股架构为，1个B股的表决权等于5倍A股的表决权。

(二) 双层公司架构

简单来讲，双层公司架构就是公司嵌套公司的操作，双层公司架构即有限公司持股另外一个有限公司。这里的双层公司是广义的，既指两层公司，又包括三层及三层以上的公司。

双层公司的好处是为大股东的控制权加了一道杠杆，在股东持股比例较少的时候，起到了四两拨千斤之效果。

案例2-10 大股东甲如何通过双层公司架构将表决权提升至66.7%

西湖公司从事塑料杯印刷机的生产、销售、研发。西湖公司由四名股东构成，分别为创始人甲、乙、丙三名自然人股东及外部公司(注：外部公司实控人为甲的同学，在天使轮投资中进入)，全体股东已实缴到位，持股比例如图2-11所示。

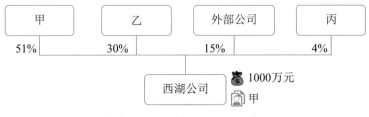

图2-11 西湖公司的股权架构

西湖公司经过三年的发展，因为前期研发投入较大，西湖公司亏损100万元，所有者权益情况如表2-4所示。

表2-4　西湖公司所有者权益情况

项目	金额/万元
实收资本	1000
资本公积	0
盈余公积	0
未分配利润	−100
所有者权益	900

最近一年西湖公司产销两旺，业务快速增长，由于消费升级，网购和外卖的习惯形成，再加上疫情的催化，塑料杯、一次性塑料包装市场火爆。

国内某著名风险投资机构看中西湖公司的发展前景，准备投资入股。此时西湖公司打算在投资人进入前做一轮员工激励。

第一步：成立员工持股平台——有限合伙企业

全体股东决定同比例稀释股权，以增资扩股方式设立作为员工持股平台的有限合伙企业，持股平台占有20%股份，股东乙为普通合伙人(GP)。

此时西湖公司的注册资金由1000万元增加至1250万元[1000×20%/(1−20%)+1000]。员工持股平台进入后的西湖公司股权架构如图2-12所示。

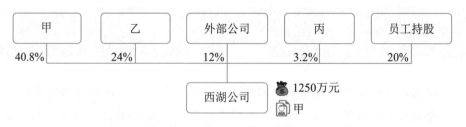

图2-12　员工持股平台进入后的西湖公司股权架构

15名核心员工共出资300万元，每股价格为1.5元，以有限合伙企业方式持有西湖公司20%股权，其中250万元记入实收资本账户，剩余的50万元(300−250)记入西湖公司的资本公积账户，此时西湖公司的所有者权益情况如图2-13所示。

第二步：成立控股公司——杭州公司，形成双层公司架构

全体股东决定，甲、乙、丙三名自然人股东把其所持有西湖公司的全部股权转让给新设立的杭州公司，请大家思考一下本轮转让会涉税吗？本轮为何不通过增资扩股让杭州公司进入？

实收资本	1000万元
资本公积	0元
盈余公积	0元
未分配利润	-100万元
所有者权益	900万元

实收资本	1250万元
资本公积	50万元
盈余公积	0元
未分配利润	-100万元
所有者权益	1200万元

图2-13 西湖公司的所有者权益变化

股权转让完成后，西湖公司最新的股权架构如图2-14所示。

图2-14 控股公司进入后的西湖公司股权架构

经甲、乙、丙三股东协商一致，杭州公司的持股比例分别为60%、30%及10%，如图2-15所示。

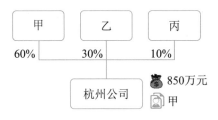

图2-15 控股公司的股权架构

考虑到乙与丙股东放弃自然人股东身份，而在控股公司持股的情况下(注：实操中，并不是每个自然人股东都愿意加入有限合伙企业，一是取决于对价的诱惑力，二是取决于大股东在关键时候是否控制住小股东)，甲股东给出的对价如表2-5所示。

表2-5 乙与丙股东放弃自然人股东身份的补偿

股东	原直接持股比例	现间接持股比例	差额	溢价估值/万元	补偿金额/万元	备注
乙	24%	30%×68%=20.4%	3.6%	2000	2000×3.6%=72	分两年给付
丙	3.2%	10%×68%=6.8%	-3.6%	2000	0	象征性给付10万元

此时甲股东对西湖公司的间接持股比例=60%×68%=40.8%，但表决权或控制权比例=68%！增加比例=(68%-40.8%)/40.8%=66.7%！

乙股东的表决权或控制权比例为20%，因为他是有限合伙企业的普通合伙人。

笔者对双层公司架构的优点及不足进行总结。

(1) 优点：确保控制权，方便对外投资，提升税务筹划空间，便于干部安排及二代传承。

(2) 不足：管理成本增大、对价过大。

三、有限合伙企业架构与公司章程

(一) 有限合伙企业架构

关于有限合伙企业的内容，笔者在第一章中已论述很多了，本节重点讲一个有限合伙企业控制权设计的经典案例。

案例2-11 马云如何通过有限合伙企业控制估值超2000亿美元的蚂蚁科技

1. 拆除VIE架构，控制支付宝

2000年10月，浙江阿里巴巴电子商务有限公司(支付宝前身)成立，股东架构如表2-6所示。

表2-6 浙江阿里巴巴电子商务有限公司股东架构

序号	股东姓名	认缴出资/万元人民币	实缴出资/万元人民币	出资比例
1	马云	40	40	80%
2	谢世煌	10	10	20%
	合计	50	50	100%

2003年5月，浙江淘宝网络有限公司成立。

针对淘宝这一新兴事物，商家不愿意先发货后收钱，而消费者则不愿先付钱后收货。解决不了这一信任危机，淘宝就没法起步。

于是，马云冒着风险上线了自己的支付结算系统——支付宝。

2004年12月，支付宝(中国)技术网络有限公司成立，当时的股权架构如图2-16所示。

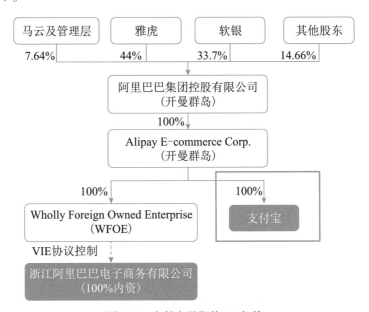

图2-16 支付宝早期的VIE架构

可以看出，支付宝是注册在开曼群岛的Alipay E-commerce Corp. 的全资子公司。

但最终的受益人为阿里巴巴集团大股东——雅虎及软银。

2009年6月及2010年8月，浙江阿里巴巴电子商务有限公司向Alipay E-commerce Corp. 支付 3.3 亿元将支付宝收为全资子公司，并解除了浙江阿里巴巴电子商务有限公司的VIE架构，至此支付宝变为全内资的公司，即浙江阿里巴巴电子商务有限公司与支付宝由原来的"兄弟关系"变为"母子关系"，如图2-17所示。

2011年3月，马云将此事通知阿里巴巴集团董事会，说明把支付宝变成内资企业是源于中国人民银行要求，央行要求第三方支付不得存在外资股份。

此举当然遭到雅虎及软银的强烈反对。

但马云认为他所做的一切，都是为了获得金融领域的"身份证"，有没有

"身份证"将直接关系到生意能不能继续做下去。

图2-17 支付宝解除VIE架构

既然木已成舟，马云单方面终止VIE协议以阿里巴巴向雅虎及软银提供补偿而告终，支付宝也顺利拿到了支付牌照。

2014年6月，浙江阿里巴巴电子商务有限公司更名为"浙江蚂蚁小微金融服务集团有限公司"。

至此，支付宝成为蚂蚁金服100%的全资子公司，如图2-18所示。

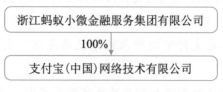

图2-18 支付宝转为100%内资企业

这种"城头变幻大王旗"的精彩操作，个中滋味，不是当事人是很难体会的。难怪，马云在参加一则栏目访谈时说道："最艰难的不是创办阿里巴巴，而是把支付宝变成内资企业。"

2014年7月，阿里巴巴集团和支付宝签署协议，规定支付宝每年支付税前利润的49.9%给阿里巴巴集团。

2014年9月，阿里巴巴集团上市前，双方又签署了一份协议，把利润支付比例从49.9%降到37.5%，但利润支付的范围从支付宝扩大到蚂蚁金服。同时规定如果蚂蚁金服上市，阿里巴巴集团可以获得一笔公开发行价格37.5%的回报，或者阿里巴巴集团有权购入33%的蚂蚁金服股份。

2019年9月，阿里巴巴集团宣布已收到蚂蚁金服33%的股份。

债终于转股了。

2. 设立合伙企业控制蚂蚁科技

2013年1月，杭州君澳股权投资合伙企业(有限合伙)增资进入蚂蚁金服。

2015年6月，杭州君瀚股权投资合伙企业(有限合伙)增资进入蚂蚁金服。

不知这两个有限合伙企业有没有向杭州税务机关申请"核定征收"的政策？

2016年12月，浙江蚂蚁小微金融服务集团有限公司更名为"浙江蚂蚁小微金融服务集团股份有限公司"。

至此，股份改制完成，马云与谢世煌全部退出公司(注：通过个人股权转让，马云获得海量的资金，但也交了20%的个人所得税，可以看出马云没有做税务筹划)，同时全国社会保障基金理事会参股了。

截至2019年12月，蚂蚁金服股权架构如图2-19所示。

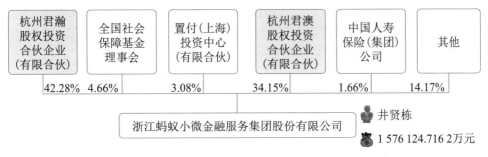

图2-19 蚂蚁金服股权架构(截至2019年12月)

可以看出，杭州君瀚股权投资合伙企业(有限合伙)及杭州君澳股权投资合伙企业(有限合伙)为蚂蚁金服的第一及第二大股东，合并为公司实际控制人。

如果控制了这两个有限合伙企业，是否相当于间接控制了蚂蚁金服？

大家知道，对于有限合伙企业来说，普通合伙人(GP)拥有100%的表决权，哪怕其财产份额/股份只有1%。

而成为普通合伙人就可以担任执行事务合伙人(相当于公司的"法定代表人")。

那么我们进一步来看一下,这两个有限合伙企业的普通合伙人/执行事务合伙人是谁?

3. 通过云铂公司控制合伙企业

蚂蚁科技的招股说明书显示,杭州云铂投资咨询有限公司为杭州君瀚股权投资合伙企业(有限合伙)及杭州君澳股权投资合伙企业(有限合伙)的普通合伙人及执行事务合伙人,如图2-20所示。

企业名称	杭州君瀚股权投资合伙企业(有限合伙)	成立时间	2014年1月24日
认缴出资总额(人民币万元)	178,566.11	实缴出资总额(人民币万元)	3,336.00
主要经营场所	浙江省杭州市西湖区西溪新座5幢807室		
执行事务合伙人	杭州云铂投资咨询有限公司(委派代表:蒋芳)		
主营业务及其与发行人主营业务的关系	除持有发行人股份以外,无实际经营业务		

企业名称	杭州君澳股权投资合伙企业(有限合伙)	成立时间	2012年12月11日
认缴出资总额(人民币万元)	1,141,796.46	实缴出资总额(人民币万元)	96,001.35
主要经营场所	浙江省杭州市余杭区五常街道文一西路969号3幢5层572室		
执行事务合伙人	杭州云铂投资咨询有限公司(委派代表:蒋芳)		
主营业务及其与发行人主营业务的关系	除持有发行人股份以外,无实际经营业务		

图2-20 杭州云铂投资咨询有限公司为执行事务合伙人

这两个合伙企业持有蚂蚁科技的股权比例分别为0.47%及0.04%,如图2-21所示。

2020年6月,浙江蚂蚁小微金融服务股份有限公司更名为"蚂蚁科技集团股份有限公司"。将公司名称中的"金融"改为"科技",进一步强化蚂蚁集团的科技公司属性。

2020年7月,蚂蚁科技宣布,启动国内科创板和香港H股上市计划。

2020年11月,上交所暂缓蚂蚁科技科创板上市。

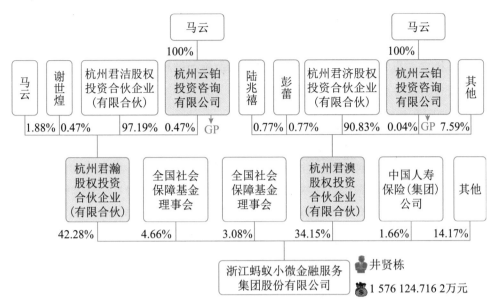

图2-21 杭州云铂投资咨询有限公司为普通合伙人

4. 通过治理结构控制云铂公司

2020年8月，杭州云铂投资咨询有限公司工商登记信息发生变更，如图2-22所示。

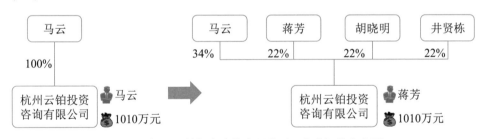

图2-22 杭州云铂投资咨询有限公司工商登记信息变更

此时云铂公司的股权架构为，马云的股权比例为34%(通常所说的一票否决权)；蒋芳、胡晓明及井贤栋的股权比例各为22%。

那么，原来杭州云铂投资咨询有限公司只有马云一个股东，100%持股，即法律上的"一人有限公司"，为何要变为"2个人以上的有限公司"呢？

这是因为，《公司法》第63条规定："一人有限责任公司的股东不能证明公司财产独立于股东自己的财产的，应当对公司债务承担连带责任。"也就是说，2个人以上的有限公司，股东是按照出资额来承担有限责任的。

在股权架构变更完后，马云是如何通过治理结构的安排来控制其他三位股东呢？

实操中，马云与三位股东签订一些协议，例如一致行动人协议、同股不同表决权安排、投票权委托等，如图2-23所示。

根据马云先生、井贤栋先生、胡晓明先生及蒋芳女士于2020年8月21日签署的《杭州云铂章程》及《一致行动协议》，股东会是杭州云铂的最高权力机构，杭州君瀚及杭州君澳就其持有的蚂蚁集团股份行使表决权、杭州君瀚和杭州君澳向蚂蚁集团提名董事、监事等股东提案权的行使以及杭州君瀚和杭州君澳增持或者减持其持有的蚂蚁集团股份，均应由杭州云铂股东会审议，并需要经过有表决权的股东所持表决权的三分之二以上批准，因此马云先生对于相关事项拥有否决权，并且在杭州云铂股东会未通过相关决议时，其他股东应按照马云先生的决定投票，作出并签署相关股东会决议。

图2-23 一致行动协议的部分内容

也就是说，马云可以让利，但不能让表决权。除了以上协议外，马云为了保证控制权，对云铂公司章程做了相应的修订。

首先，关于股东退出的机制安排，如图2-24所示。

根据《杭州云铂章程》第六章的规定，股东应在以下情况下丧失表决权并退出公司：1）死亡或丧失民事行为能力、2）发生刑事犯罪、3）取得外国国籍或中国大陆以外国家或地区的永久居留权、或4）因身负到期债务不能偿还或其他任何原因被第三方提起诉讼或仲裁且可能致使其持有的公司股权被人民法院强制执行程序所转让（合称"股东退出事项"）。若届时持股比例最高的股东发生股东退出事项，杭州云铂其他股东有义务尽快引入两名符合资格的新股东，引入新股东后每名杭州云铂股东所持股权比例均应为20%。相关引入新股东的方案应该经过杭州云铂届时全体有表决权股东所持表决权的2/3以上批准后生效。

图2-24 股东退出的机制安排

其中提到持股比例最高的股东退出的安排，持股比例最高的股东就是马云，持股比例为34%，也就是如果马云退出，那么云铂公司的股东就会从4人变成5人，而且每人持股都会变成20%，这应该就是云铂公司最终的股东形态了。

其次，关于配偶问题的安排，如图2-25所示。

根据《杭州云铂章程》第九章的规定，杭州云铂各股东确保其持有的任何公司股权并不属于夫妻共同财产，且若其与配偶离婚，经杭州云铂股东会合理判断并决议，相关股东应根据股东会决议配合将其持有的杭州云铂股权转让予指定的股东或第三方，或由杭州云铂回购。

图2-25 关于配偶问题的安排

可见马云对杭州云铂公司章程做了个性化设计！

最后，对董事会进行控制，如图2-26所示。

姓名	职务	提名人	本届当选日期	本届任期截止日期
井贤栋	执行董事长	董事会(1)	2020年1月7日	2023年1月6日
胡晓明	执行董事、首席执行官	董事会(1)	2020年1月7日	2023年1月6日
倪行军	执行董事、首席技术官	董事会(1)	2020年7月9日	2023年1月6日
蔡崇信	非执行董事	董事会(2)	2020年1月7日	2023年1月6日
程立	非执行董事	董事会(2)	2020年8月21日	2023年1月6日
蒋芳	非执行董事	董事会(1)	2020年8月21日	2023年1月6日
郝荃	独立董事	董事会	2020年8月21日	2023年1月6日
胡祖六	独立董事	董事会	2020年8月21日	2023年1月6日
黄益平	独立董事	董事会	2020年8月21日	2023年1月6日

注1： 由杭州君瀚及杭州君澳向董事会推荐。

注2： 由杭州阿里巴巴向董事会推荐。

图2-26 对董事会进行控制

杭州云铂投资咨询有限公司的董事会共有9名董事，其中有3名独立董事，另外6名董事中，由君瀚合伙与君澳合伙向董事会提名4名董事，杭州阿里巴巴可向董事会提名2名董事。

大家知道马云通过合伙人制度控制了阿里巴巴集团，也意味着，马云最终控制了6个董事席位(注：董事会表决时，过半数董事投赞成票则通过决议)。

截至2022年1月，蚂蚁科技的股权架构如图2-27所示。

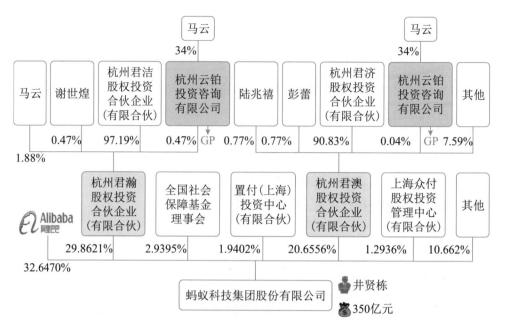

图2-27 蚂蚁科技的股权架构(截至2022年1月)

最终，马云通过上述4个步骤，控制了蚂蚁科技50.5177%(29.8621%+20.6556%)的表决权。

(二) 公司章程

《公司法》有关公司章程的条款超过60条，可见公司章程对创始人控制公司及公司运营决策的重要性。

本节主要讲7种通过章程控制公司的办法。

1. 控制董事长

章程可规定董事长产生办法。董事会席位争夺，一般是股东博弈重点，章程要明确董事长产生方法，防止无法选出董事长而导致僵局，例如由董事会半过数同意。

董事长在董事会召集和主持方面有法定权利，如果董事长不召开董事会，很多时候董事会开不了。另外，由董事长担任法定代表人，也是对总经理最大的约束。

控制董事长就控制了公司的经营权。

2. 修改同股不同表决权的规定

章程可以约定不按出资比例行使表决权，法律依据是《公司法》第42条。

《公司法》第42条规定："股东会会议由股东按照出资比例行使表决权；但是，公司章程另有规定的除外。"

创始人可以视情况考虑是否约定"同股不同权"或者"一票否决权"，但这样做有两个条件：一是仅限于有限公司，二是要所有股东同意。

3. 修改同股不同分红的规定

章程可以约定股东不按出资比例分红。大股东为了掌握公司控制权，往往要掌控绝对多数股权，但为了平衡其他股东，往往采用给其他股东多分红的方式。

《公司法》第34条规定："股东按照实缴的出资比例分取红利；公司新增资本时，股东有权优先按照实缴的出资比例认缴出资。但是，全体股东约定不按照出资比例分取红利或者不按照出资比例优先认缴出资的除外。"

4. 限制股权转让的规定

创始人应考虑优先购买权问题。例如可以规定股东对内转让股权时，第一大股东具有优先购买权。

《公司法》第71条规定："有限责任公司的股东之间可以相互转让其全部或者部分股权。股东向股东以外的人转让股权，应当经其他股东过半数同意。股东应就其股权转让事项书面通知其他股东征求同意，其他股东自接到书面通知之日起满三十日未答复的，视为同意转让。""经公司章程对股权转让另有规定的，从其规定。"

可以看出，股东对外转让股权是要履行三十日的法律程序的，但对内转让则视公司章程的规定，如章程无规定则可以在内部自由转让股权。

例如可以在章程中做如下规定。

在退出事件发生之前，除非股东会另行决定，各方均不得向任何人以转让、赠与、质押、信托或其他任何方式，对股权进行处置或在其上设置第三人权利。

5. 限制股东配偶对股权的处分

《公司法》第75条规定："自然人股东死亡后，其合法继承人可以继承股东资格；但是，公司章程另有规定的除外。"

例如，为了维护有限公司人合性，创始人可在章程中做如下规定。

除非各方另行同意，公司股权结构不因任何创始人股东婚姻状况的变化而受影响。各方同意：

(1) 于本协议签署之日的未婚一方，在结婚后不应将其在公司持有的股权约定为与配偶的共同财产，但有权自行决定与配偶共享股权带来的经济收益。

(2) 于本协议签署之日已婚的一方，应自本协议签署之日起15日内与配偶签署如附件一所示的协议，确定其在公司持有的股权为其个人财产，但该方有权决定与配偶共享股权带来的经济收益，应将该协议一份原件交由公司留存。

(3) 在退出事件发生之前，若任何一方违反本条第1款的规定，将其在公司持有的股权约定为夫妻共同财产，或未能依据本条第2款的规定与配偶达成协议的，如果该方与配偶离婚，且该方在公司持有的一半(或任何其他比例)的股权被认定为归配偶所有的，则该方应自离婚之日起30日内购买配偶的股权。若该方未能在上述期限内完成股权购买的，则该方应赔偿因此给其他方造成的任何损失。

这有利于维护有限公司的人合性。但是，章程不能限制股东配偶的财产性权利。

6. 控制对外担保的规定

我们知道，许多公司的破产不是因为经营不善，而是因为对外担保受累，特别是浙江的民营企业。

实操中，可以将对外担保审批权限划归股东会，例如多少金额的担保要经过股东会审批。

案例2-12　法定代表人盖章的对外担保有效吗

张三的A公司与B公司签订了2000万元的期货交易合同，但A公司规模较小，B公司要求A公司提供债务担保。

于是，张三找到了好朋友，C公司法定代表人李四(注：C公司有4个股东，李四持股比例为35%)，请求李四以C公司的名义为自己的公司A公司提供担任，担保年限为一年。

李四出于面子，在没有经过股东会同意的情况下，在担保合同上盖章了。其实，担保最大的风险是被担保人不能按时偿还债务。

果然，债务人张三违约，A公司资不抵债。B公司要求C公司按照担保合同承担担保责任，为此B公司把C公司起诉至人民法院。

请问，C公司要负担保责任吗？

这个案件中，法院最终确认这个担保行为无效，理由是根据C公司章程的规定，C公司对外担保必须经过股东会同意，法定代表人没有这个权限。

可能有人会说了，C公司的公司章程是C公司的内部文件，怎么能用来约束B公司呢？再说了，B公司凭什么要去查证和判断一个公司法定代表人有没有权限来签订合同呢？

我们来看一下法院判决的思路：

(1) 公司章程都是备案并公开的，可以随时查到公司章程的内容。

(2)《公司法》里明确规定除非公司章程另有规定之外，担保行为必须经过股东会批准，担保行为通常不是法定代表人可代表的事项，B公司应当知道这一点。

(3) B公司作为担保合同的一方，应当具备对这类代表权资格基本的审查义务。所谓基本审查义务，就是可以直接从公开文件中就能看到的意思，并不需要花费巨额调查成本。

因此，以后和其他公司打交道，特别是对外担保及对外投资，老板最好养成一个新习惯：先去查看对方公司的章程，并且定期查一下公司章程有没有修改过。

7. 股东会开会时间及会议通知的规定

实践中常出现这样的情形，股东产生矛盾时，可能造成股东会开会通知无法送达，股东会难以召开。

为此，章程可规定通过邮件、短信、微信等线上方式发送会议通知。

《公司法》第41条规定："召开股东会会议，应当于会议召开十五日前通知全体股东；但是，公司章程另有规定或者全体股东另有约定的除外。"

章程作为公司的"宪法"，大家应充分利用其"意思自治"的属性，完善公司治理结构，维护股东和公司利益，防范潜在风险。

如果直接套用章程模板，相当于放弃了完善公司治理结构的机会！

小小章程，大有文章。

更多关于合伙治理的内容，大家可以关注笔者的微信公众号"合伙人课堂"，那里有线上视频及训练营、线下公开课、线下的咨询项目展示及每周更新的原创文章。

第三章

合伙制度设计
——为己而干，动态激励

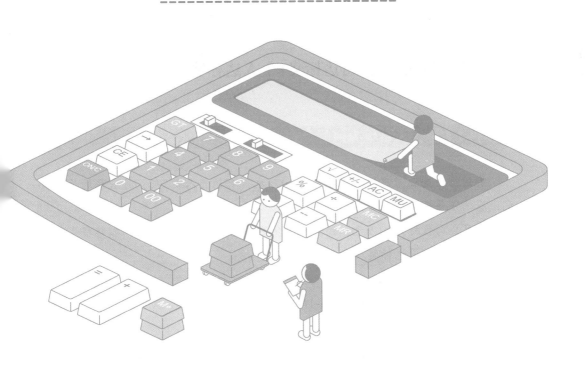

合伙创业，首先要解决为谁干的问题。如果为老板而干，员工就会抱有打工的心态，拨一下，动一下；而如果为自己而干，员工就具有了主动性，老板也解放出来了。

合伙人制度应该是动态的。这是因为，如果合伙人制度是静态的，没有调整的机制，就解决不了股东、合伙人或员工"躺平"的难题。

第一节
如何做销售人员激励

对于老板来说，首要的工作是激励销售人员，因为销售人员是企业价值的最终实现者。但有些老板认为，销售人员是企业当中最难管的一群人，他们自由散漫。

笔者认为之所以销售人员难管，一是因为选错人了，二是因为利益分配不合理。

一、累进提成奖+公司达标奖+个人达标奖

案例3-1 销售人员甲为何能拿到很多提成

某销售型企业月度收支平衡点为10万元，有销售人员5人，月底薪均为4000元，基础任务额为每人每月2万元。

本月公司目标为20万元，销售人员历史销售记录为8万元/月，销售提成包括累进提成奖、公司达标奖及个人达标奖三部分。

1. 累进提成奖

销售人员累进提成规则如表3-1所示。

表3-1　销售人员累进提成规则

销售额/万元	提成比例
<2	0
2～<4	5%

(续表)

销售额/万元	提成比例
4～<6	7%
6～<8	9%
≥8	13%

举例：某销售人员本月完成4.8万元销售额，则累进提成奖=(40 000-20 000)×5%+(48 000-40 000)×7%=1000+560=1560(元)。

2. 公司达标奖

当完成公司月度目标时，则每个销售人员在基础任务额以上部分另外增加3%的提成比例，公司达标奖=(本月实际完成销售额-20 000)×3%。

3. 个人达标奖

当个人达到业绩目标时，对于同比上年同期业绩增长部分另外增加6%提成比例。个人达标奖=(本月实际完成销售额-去年同期完成销售额)×6%。

假如某月公司业绩目标达标，甲、乙、丙三名销售人员业绩完成情况如表3-2所示，请计算他们的销售提成是多少？

表3-2　销售人员业绩完成情况

销售人员	本月目标业绩/万元	本月业绩/万元	去年同期业绩/万元
甲	5.4	5.8	4.5
乙	8.4	8.5	7.0
丙	4.2	2.2	3.5

以销售业绩最多的乙为例(注：本月销售目标为8.4万元，实际完成销售额为8.5万元)，解题如下：

(1) 累进提成奖=(40 000-20 000)×5%+(60 000-40 000)×7%+(80 000-60 000)×9%+(85 000-80 000)×13%=1000+1400+1800+650=4850(元)；

(2) 公司目标奖=(85 000-20 000)×3%=1950(元)；

(3) 个人目标奖=(85 000-70 000)×6%=900(元)。

因此，销售人员乙的当月提成收入=4850+1950+900=7700(元)。

以此类推，同理可以计算出销售人员甲及丙的提成收入。

销售人员甲的当月提成收入=(40 000-20 000)×5%+(60 000-40 000)×7%+(58 000-20 000)×3%+(58 000-45 000)×6%=1000+1400+1140+780=4320(元)。

销售人员丙的当月提成收入=(22 000-20 000)×5%=100(元)。

销售人员提成收入如表3-3所示。

表3-3 销售人员提成收入比较

销售人员	去年同期业绩/万元	本月目标销售额/万元	本月业绩/万元	<2万的提成/元(0%)	2万~4万的提成/元(5%)	4万~6万的提成/元(7%)	6万~8万的提成/元(9%)	≥8万的提成/元(13%)	公司达标奖/元(3%)	个人达标奖/元(6%)	提成合计/元
甲	4.5	5.4	5.8	0	1000	1400	0	0	1140	780	4320
乙	7.0	8.4	8.5	0	1000	1400	1800	650	1950	900	7700
丙	3.5	4.2	2.2	0	100	0	0	0	0	0	100

二、二维提成奖+公司达标奖+个人达标奖+个人冠军奖

案例3-2 为何只有乙才有销售冠军奖

某销售型企业月度收支平衡点为10万元，有销售人员5人，月底薪均为4000元，基础任务额为每人每月2万元。

本月公司目标为20万元，实际完成20万元，销售提成包括二维提成奖、公司达标奖、个人达标奖及个人冠军奖4个部分。

1.二维提成奖

销售人员二维提成规则如表3-4所示。

表3-4 销售人员二维提成规则

销售额/万元	提成比例
<2	0
≥2	4%

2.公司达标奖

当完成公司月度目标时，每个销售人员在基础任务额以上部分另外增加3%的提成比例，公司达标奖=(本月实际完成额-20 000)×3%。

3. 个人达标奖

当个人达到业绩目标时，对于同比上年同期业绩增长部分另外增加6%提成比例。个人达标奖=(本月实际完成额-去年同期完成额)×6%。

4. 个人冠军奖

公司月度目标达标时，为这5个销售人员当中业绩最佳者颁发个人冠军奖，个人冠军奖=(公司实际销售额-公司收支平衡点销售额)×5%。

假如某月公司业绩目标达标，甲、乙、丙三名销售人员业绩完成情况如表3-5所示，请计算他们的销售提成是多少？

表3-5　销售人员当月与去年同期业绩比较

销售人员	本月目标业绩/万元	本月业绩/万元	去年同期业绩/万元
甲	5.4	5.8	4.5
乙	8.4	8.5	7.0
丙	4.2	2.2	3.5

以销售业绩最多的乙为例，计算提成收入(注：本月销售目标为8.4万元，实际完成8.5万元)，解题如下：

(1) 二维提成奖=(85 000-20 000)×4%=2600(元)；

(2) 公司目标奖=(85 000-20 000)×3%=1950(元)；

(3) 个人目标奖=(85 000-70 000)×6%=900(元)，

(4) 个人冠军奖=(200 000-100 000)×5%=5000(元)。

因此，销售冠军乙的当月提成收入=2600+1950+900+5000=10 450(元)。

以此类推，同理可以计算出销售人员甲及丙的提成收入，如表3-6所示。

表3-6　销售人员提成收入(含冠军奖)比较

销售人员	去年同期销售额/万元	本月目标销售额/万元	本月销售额/万元	<2万的提成/元(0%)	≥2万的提成/元(4%)	个人冠军奖/元(5%)	公司达标奖/元(3%)	个人达标奖/元(6%)	提成合计/元
甲	4.5	5.4	5.8	0	1520	0	1140	780	3440
乙	7.0	8.4	8.5	0	2600	5000	1950	900	10 450
丙	3.5	4.2	2.2	0	80	0	0	0	80

三、二维提成奖+公司达标奖+个人达标奖+业绩节点奖

案例3-3 甲与乙为何有业绩节点奖

某销售型企业月度收支平衡点为10万元,有销售人员5人,月底薪均为4000元,基础任务额为每人每月2万元。

本月公司目标为20万元,实际完成20万元,销售提成包括二维提成奖、公司达标奖、个人达标奖及业绩节点奖四部分。

1. 二维提成奖

销售人员二维提成规则如表3-7所示。

表3-7 销售人员二维提成规则

销售额/万元	提成比例
<2	0
≥2	4%

2. 公司达标奖

当完成公司月度目标时,每个销售人员在基础任务额以上部分另外增加3%的提成比例,公司达标奖=(本月实际销售额-20 000)×3%。

3. 个人达标奖

当个人达到业绩目标时,对于同比去年同期业绩增长部分另外增加6%提成比例。个人达标奖=(本月实际销售额-去年同期销售额)×6%。

4. 业绩节点奖

业绩节点奖指当销售人员业绩达到一定的台阶时,公司给予相应的奖励(见表3-8),与前面两个方案不同之处在于,业绩节点奖以具体的金额为标准,而非比例。

表3-8 销售人员节点提成对应表

业绩节点/元	奖励金额/元
50 000	2000
70 000	3000
80 000	4000

假如某月公司业绩目标达标，甲、乙、丙三名销售人员业绩完成情况如表3-9所示，请计算他们的销售提成是多少？

表3-9 销售人员本月与去年同期业绩对比表

销售人员	本月目标业绩/万元	本月业绩/万元	去年同期业绩/万元
甲	5.4	5.8	4.5
乙	8.4	8.5	7.0
丙	4.2	2.2	3.5

从销售数据来看，甲与乙符合激励条件，而丙享受不到提成。还是以乙为例，计算提成收入(注：本月目标为8.4万元，实际完成8.5万元)，解题如下：

(1) 二维提成奖=(85 000-20 000)×4%=2600(元)；

(2) 公司目标奖=(85 000-20 000)×3%=1950(元)；

(3) 个人目标奖=(85 000-70 000)×6%=900(元)；

(4) 业绩节点奖=4000(元)。

因此，乙的当月提成收入=2600+1950+900+4000=9450(元)。

以此类推，同理可以计算出销售人员甲及丙的提成收入，如表3-10所示。

表3-10 销售人员提成收入(含节点奖)比较

销售人员	去年同期销售额/万元	本月目标销售额/万元	本月销售额/万元	<2万的提成/元(0%)	≥2万的提成/元(4%)	业绩节点奖/元(5%)	公司达标奖/元(3%)	个人达标奖/元(6%)	提成合计/元
甲	4.5	5.4	5.8	0	1520	2000	1140	780	5440
乙	7.0	8.4	8.5	0	2600	4000	1950	900	9450
丙	3.5	4.2	2.2	0	80	0	0	0	80

通过上述三个案例，我们知道在企业当中，老板只有把销售人员激励到位，让销售人员在企业中获得较高收入，企业才有足够的利润做研发、吸引优秀人才、收购兼并，否则一切都是空谈。

因此，虚拟合伙及实股合伙的起点应在如何打造销售铁军上，笔者在管理销售团队方面有一些心得，也总结了一些可行的方法，有机会同大家分享。

第二节
如何做虚拟合伙激励

搞定销售人员激励及分配机制后，公司要考虑对高级管理人员、研发人员、职能部门人员进行激励了。

对于老员工，如何让老树发新芽？

对于新员工，如何让他们从入职第一天开始就能清晰地知道，如果努力了将获得什么回报？能否拥有公司的虚拟股及实股？晋升的通道有哪些？

这些离不开机制的设计，而虚拟合伙就是这样一种机制。

虚拟合伙，指激励对象出资或不出资，都能享有公司一定数量的分红权或股价升值收益。

笔者认为，虚拟合伙按照出资与否及是否持有虚拟股，可以有4种组合模式，如图3-1所示。

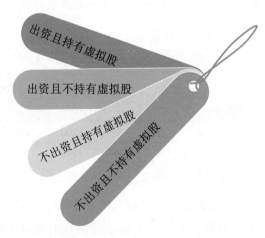

出资且持有虚拟股

出资且不持有虚拟股

不出资且持有虚拟股

不出资且不持有虚拟股

图3-1　虚拟合伙的4种组合模式

实操中，虚拟合伙以不掏钱的形式居多，例如永辉超市的增量分红模式、碧桂园的存量分红模式、华为的TUP分红模式。

但不掏钱的话，员工永远只是观众，带入感不强。

一、出资且持有虚拟股

案例3-4 华为虚拟股让千万富翁"提着脑袋干革命"

大家知道虚拟股是从华为开始的。要想搞明白华为虚拟股的玄机，就得先研究一下华为公司的股权结构变迁。

1. 华为公司的历史沿革

(1) 华为初创。1987年，华为技术公司成立。据称，当时包括任正非在内共有6名股东(注：其他5名股东不久就离开了)，股权是均分的，注册资本只有2万元。

(2) 内部融资。1990年，为了解决资金困难问题，华为向内部员工以1元/股进行融资，并且让员工直接持股。这样做在今天可能构成"非法集资罪"。

当时，华为公司股权架构为，华为技术公司688名员工持有65.15%股份+华为新技术公司(华为技术公司的子公司)299名员工持有34.85%股份。大家注意，员工持有的是华为公司的实股。

(3) 工会持股。1997年，华为技术公司的注册资本增加到7005万元，增加的注册资金全部来自上千名员工入股金。

于是我们看到了这样的股权结构：华为技术公司工会持有华为公司61.86%股份+华为新技术公司工会持有33.09%股份+华为新技术公司持有5.05%股份。这样做的好处是员工由直接持股变为间接持股。

(4) 股份收购。1999年，华为技术公司工会以现金收购了华为新技术公司所持的5.05%股份，同时收购了华为新技术工会所持有的21.24%的华为公司股权。于是我们看到这样的股份结构：华为技术公司工会持有华为公司88.15%股份+华为新技术公司工会持有11.85%股份。

(5) 自然人持股。2000年，华为决定将华为新技术公司工会持有的11.85%的股权并入华为技术公司工会，同时将任正非所持的3500万元股份单独剥离，并在工商局注册登记，他单独持有1.1%的股份。

于是我们看到了这样的结构：任正非持有华为公司1.1%股份+华为技术公司工会持有98.9%股份。

(6) 控股公司持股。2003年，华为技术公司的股东变更为华为投资控股有限公司，如图3-2所示。

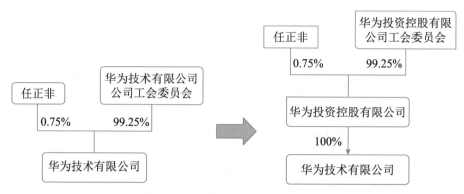

图3-2 华为技术有限公司股东变更

笔者认为，这种中间隔了一层的架构设计有三个好处：

一是华为技术有限公司作为主体公司专注于业务及研发；

二是通过华为投资控股有限公司的工会去增发虚拟股，如果产生法律纠纷，不会直接影响华为技术有限公司；

三是方便税务筹划的安排，当华为技术有限公司产生利润后，部分可以留存在本公司，部分可以分配给华为投资控股有限公司，腾挪空间加大了。

而华为投资公司的股权结构延续了原来华为技术公司的股权结构，一直持续到今天。

(7) TUP计划。2003年，华为推出TUP(time unit plan，时间单位计划)，每年根据员工岗位及级别、绩效、贡献分5年兑现虚拟受限股，员工不需花钱购买，但可获得相应的分红权和增值权，5年后清零。

例如，2017年新员工张三获得TUP奖励6万股，当时每股净资产为3.25元/股，注意张三不需要出资，分5年享受激励，假设2022年公司的每股净资产为8.25元/股，如表3-11所示。

表3-11 华为TUP计划的主要内容

年度	参与分红的股份数量	当时价格/元/股	回购价格/元/股
2017年	等待期	3.25	
2018年	60 000×1/3=20 000		
2019年	60 000×2/3=40 000		
2021年	60 000×3/3=60 000		
2022年	60 000×3/3=60 000		8.25

5年后公司对张三的TUP进行结算：

假如2022年分红为20万元，则2022年张三获得回报=200 000+60 000×(8.25-3.25)=500 000(元)。回购完成后，公司对这6万股TUP清零。

综上，华为公司的历史沿革如图3-3所示。

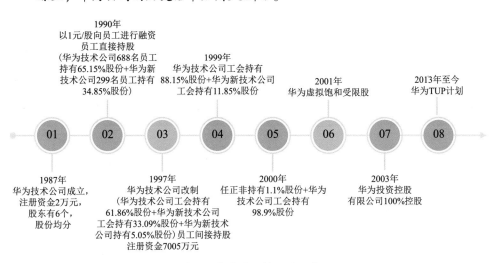

图3-3 华为公司的历史沿革

笔者认为，华为这样操作是有道理的，一是用TUP计划选拔那些认同公司价值观的新员工；二是通过TUP虚拟分红，新员工有钱后可以购买华为的虚拟股份。这两点无缝对接。

2. 华为虚拟股

虚拟股是华为投资控股有限公司工会授予员工的一种特殊股票。拥有虚拟股的员工，可以获得一定比例的分红以及虚拟股对应的公司净资产增值部分，但没有所有权、表决权，也不能转让和出售。在员工离开华为时，股票只能由华为控股工会回购。

(1) 增发机制。华为一般每年先增发公司的实股，增发方式为华为投资控股有限公司工会及任正非按持股比例认购，每股价格通常为每股净资产。这几年任正非不再同比例增资了，于是他的股份比例由原来的1.1%稀释至现在的0.75%了。之后，再由华为投资控股有限公司工会发行等比例的虚拟股份给"奋斗者"们，购买价格为每股净资产。

(2) 股票数量。2004年至今，华为员工以购买虚拟股的形式，通过华为投资控股有限公司工会向华为技术有限公司增资超过260亿元，这也是华为技术有限公司注册资金逐年增加的原因。

华为虚拟股的总规模已达到惊人的134.5亿股，在华为公司内部，超过9万人持有华为公司股票。

二、出资且不持有虚拟股

案例3-5　喜家德水饺如何用"358模式"开出700家直营门店

在北方城市居住的人对于喜家德水饺并不陌生。喜家德水饺成立于2002年，截至2021年12月底，全国直营门店已超过700家，员工超过8000人，被誉为餐饮界的华为喜家德水饺坚持只做直营，不做加盟，类似于"周黑鸭"模式。

1. 喜家德的"358模式"

喜家德的成功，离不开虚拟激励的"358模式"。"358模式"如表3-12所示。

表3-12　喜家德的"358模式"

比例	含义
3就是指3%	所有店长中考核成绩排名靠前的，可以获得3%干股收益，这部分不用投资，是完全的分红
5就是指5%	如果店长培养出1名新店长，考核达标，徒弟开新店，师傅就成为小区经理，可以在新店入股5%
8就是指8%	如果一名店长培养出了5名店长，师傅就成为区域经理，徒弟再开新店，师傅就可以投资入股8%

2. 喜家德的不足

喜家德的问题及不足也是明显的，笔者总结了如下7点。

(1) 无论是未出钱的店长，还是出钱的小区经理及区域经理，都不是在工商部门登记的股东，因为不可能将每个店都注册成公司，未来股东进出太麻烦了。所以只能以个体工商户存在，那么问题是，谁是个体工商户的法定代表人呢？

(2) 店长会不会只关注本店的经营情况而不管总部的品牌？

(3) 门店亏损如何解决？小区经理及区域经理是否同比例承担亏损？亏损门

店能否被收购或兼并？

（4）大部分的门店投资由总部承担，开店越快资产越重，因为总部要承担70%以上的成本，如装饰、租金、工资等。

（5）小区经理及区域经理的投资款如何退？退多少钱？笔者认为可以参考百果园的做法，店长或区域经理退出时，早期投入资金按原数返还，同时还可以一次性获得门店分红收益的3倍补偿。

（6）区域经理的职业天花板问题如何解决？

在"358模式"下，区域经理就会遇到职场天花板。区域经理都是公司的精英，区域经理在新开店中持有8%的股份，但因为营业执照只能登记个体户的经营者，这些区域经理只能当"隐名股东"，此时竞争对手用实股+2倍年薪就可以把他们挖走，这样太可惜了。

实操中，笔者建议可以采用以下两种方式来解决这一问题。

一是让区域经理都成为新开门店的个体工商户的经营者/法定代表人，可以参考百果园的做法，百果园让片区管理者可以在新开店中持有17%的股份，这些片区管理者担任个体工商户的法定代表人，店长离职时不需要办理工商变更，操作灵活得多。

二是让区域经理在总部持股，与总部发生关系，例如总部拿出10%股份出来，打折卖给区域经理，假设外部估值为3元/股，可以按1.5元/股卖给区域经理，此时大家形成利益共同体及事业共同体，最终成为命运共同体。

（7）假如喜家德未来有上市的计划，如何把数量庞大的企业合伙人纳入上市公司？

3.喜家德的人才战略升级

喜家德的合伙机制本质上是内部合伙机制，会遇到天花板，重资产公司(一般指老板资金投入过多，或公司持有较多的土地、矿产资源等)的扩张速度很慢，只能引入外部投资者，才能达到老板高德福所说的"千店"计划。

于是2019年2月，喜家德人才战略再升级，提出新的内部合伙人及外部合伙人计划！新的内部合伙人计划有点像百果园，店长不用缴纳加盟费、品牌使用费等费用，与公司共同出资，共同经营，共享收益，共担风险。

而外部合伙人的选拔资格主要有两点：一是需要本人亲力亲为管理店面，原则上谁投资谁管理，不能从事第二职业或经营其他生意；二是喜家德每年统一做战略规划，确定需要开店的城市，合伙人需要跟随喜家德一起进入新城市。

合伙人占股比例可为8%、16%、24%和32%，合伙人根据个人申请意向以及考核结果确定合伙份额。如果外部合伙人选择32%出资，加上总部职能部门可能的项目跟投，总部投资降至40%以下；而在"358模式"下的以区域经理为代表的内部合伙人的出资占比最多为8%，总部出资占比至少为70%。相比之下，外部合伙人计划下总部的资金压力减少很多，有利于企业发展。

所以，笔者猜想喜家德这两种合伙模式会长期并存。

三、不出资且持有虚拟股

案例3-6 **如何用虚拟股设计九步法选出奋斗者**

笔者分享一个真实的、经改编的案例，希望对大家有所帮助。在实操中，员工可以出资持有虚拟股，也可以不出资持有虚拟股。这个案例属于后者。

笔者把实施虚拟股激励的步骤分为9个，如图3-4所示。

图3-4　虚拟股激励九步法

1. 定目的

实施虚拟股激励的目的主要包括锁定人才、降低成本、提升业绩、整合资源4种。

2. 定来源

方案示例：

(1) 公司首期增发150万股虚拟股，首期虚拟股额度用完后启动第2期及后面的期次，如表3-13所示。

表3-13 虚拟股增发的触动条件

虚拟股增发	可控利润/万元	额度/万股	认购价格/元/股
第1期	<3000	150	1.0
第2期	3000～<4000	75	1.2
第3期	4000～<6000	75	1.5
第4期	≥6000	100	2.0

(2) 公司通过虚拟增资扩股方式解决虚拟股的来源问题。

3. 定出资

虚拟股不用出资。

4. 定配套

一般来说，员工激励要循序渐进，做虚拟股激励的同时要完善以下两个制度。

一是绩效制度，因为虚拟股分红与此挂钩，这是底层的制度；

二是实股制度，员工享受虚拟股一段时间后，如果与企业价值观一致，经过考验后，可以实施实股激励，这是顶层的制度。

5. 定资格

方案示例：

(1) 认同公司的企业文化，与公司价值观高度一致，且与公司签订《竞业禁止协议及保密协议》；

(2) 员工在公司工作满1年(未满1年的，由合伙人委员会审批)，且级别在B7及以上或岗位为营销类主管/研发工程师及以上。

6. 定数量

在实操中，要解决同一级别虚拟股数量差异性难题，即公平性问题，否则激励某些人，可能激怒另外一些人。需要避免股权激励的"不做等死，做了找死"的悲剧！各岗位的虚拟股数量举例说明如表3-14所示。

表3-14　各岗位的虚拟股数量的举例说明

职级	岗位	虚拟股数量/股
BC/BD	总经理/首席工程师	300 000
B10	副总经理/专家工程师	150 000
B9	总监/资深工程师	100 000
B8	经理/高级工程师	70 000
B7	研发、营销类主管/研发工程师	50 000
其他职级或岗位，由公司确定		30 000

7. 定分红

思路一：先给虚拟股激励对象分红，再将剩下的分红分给工商注册股东。

这样分配有什么好处呢？

一是让激励对象先持有一段时间的虚拟股，从而选出真正的合伙人；

二是虚拟股的激励对象有了分红后，就有钱来购买公司的实股股份了。

例如，在"同心共享"计划中，碧桂园拿出净利存量的20%，分配给所有的区域团队，区域团队拿了这个钱就可以买公司的股份了。

思路二：给虚拟股激励对象与注册股东同时分红，无优先顺序，例如乔家大院的操作模式。

有了这些基础知识后，我们就可以设计虚拟股分红的具体细节了，下面举例说明。

(1) 可控利润与分红比例的关系如表3-15所示。

表3-15　可控利润与分红比例的关系

序号	可控利润X/万元	分红比例
1	$X<3\,000$	—
2	$3000 \leqslant X < 4000$	5.0%
3	$4000 \leqslant X < 5000$	6.0%
4	$5000 \leqslant X < 6000$	7.0%

(2) 个人分红的金额，计算公式为

激励对象虚拟股分红=个人持有的虚拟股数量/公司虚拟股总数量×可控利润×分红比例

(3) 递延分红，包括以下几种情况。

① 在本经营年度，激励对象的虚拟分红≥5万元时，原则上实行递延分红的

政策，即次年3月31日前发放70%的分红，次年9月30日前发放30%的分红；

② 在本经营年度，激励对象的虚拟分红<5万元时，则一次性发放分红；

③ 公司代扣代缴激励对象分红的个人所得税。

8. 定退出

因不涉及工商变更事项，故虚拟合伙简单易操作。本着人走"股"退，人走分红止的原则，大家可以参考如下示例。

方案示例：

在本制度有效期内，凡发生以下事由(包括但不限于)，激励对象即丧失虚拟股分红资格：

(1) 因不能胜任工作岗位、违背职业道德、失职渎职等行为严重损害公司利益或声誉而导致的降职；

(2) 在任职期间，由于受贿索贿、贪污盗窃、泄漏公司经营和技术秘密、损害公司声誉等行为，给公司造成损失；

(3) 开设相同或相近的业务公司；

(4) 严重违反公司章程、公司管理制度、保密制度；

(5) 违反国家法律法规并被刑事处罚；

(6) 因其他违法行为或者违背社会道德规范的行为，致使公司商誉受损；

(7) 从事其他被公司董事会认定的不当行为。

9. 定动态

(1) 遇不可抗力。

方案示例：

在本制度执行期间，若外部市场环境发生重大变化，导致当年公司实际完成可控利润与目标差异50%以上，合伙人委员会本着公平、合理、有效激励的原则，有权对虚拟股分红方案做出适应性调整。

(2) 遇职务升降。

方案示例：

① 升职：职级或岗位发生调高变动时，公司应在第二年调整其虚拟股的额度，差额部分的出资由激励对象补足；

② 降职：原有的虚拟股额度不做调整。

(3) 遇躺在功劳簿上睡大觉的情况。

方案示例：

本着激励与约束相结合的原则，合伙人委员会每年对虚拟股激励对象的履职情况及业绩等级进行评估。连续2年年度绩效业绩未达标(绩效考核得分在70分以下)的激励对象不得享有虚拟股激励计划。

(4) 遇实股激励之衔接问题。

方案示例：

① 如果激励对象连续2次获得虚拟分红激励，可优先获得公司的实股激励资格；

② 获得实股资格后，激励对象当年分红及过往的递延分红继续执行，但公司不再给予提现，拟转为实股激励的入股资金，具体按公司后续制定的《××公司限制性股权激励制度》执行。

四、不出资且不持有虚拟股

案例3-7 **乔家大院的虚拟合伙激励五步法**

乔家大院的身股激励的方案，与一个人的离职有关，这个人就是乔家的超级业务员马荀。

马荀当了4年学徒，又做了10年伙计，钱庄有八成生意都是他做的，但其年薪只有区区20两白银，收入与贡献极其不匹配。

于是马荀向老板乔致庸提出了辞职。

正应了马云所说的，员工的离职原因只有两点最真实：一是钱没给到位；二是心受委屈了。

当乔致庸问马荀辞职的原因时，马荀引用了《史记·货殖列传》中的一句话："天下熙熙，皆为利来。"

他说："东家出银子占的是银股，掌柜的以出力为股占的是身股。掌柜的不愿意辞号的理由有两个：一是收入比伙计多十几倍；二是可以跟东家一起分红利。"

乔致庸又问他："如果让他顶一份身股，他应该顶多少合适？"

马荀说："能在生意里顶二厘身股就满意了，去年到账期的时候一股分红

1200两，两厘身股就可分红240两，比他4年的薪金加起来还多两倍。"

他继续说："要是有了这些银子，一家老小吃饭就不愁了，而且能买房子置地。"

从上述情节可以看出当时乔家分配机制的弊端。

于是聪明的乔致庸决定打破数十年的晋商传统，将身股适用范围从掌柜扩展到伙计，将学成出师的伙计也纳入身股体系。

但乔致庸的做法遭到了掌柜们的反对，因为动了他们的奶酪——他们的分红少了。

果然，掌柜们提出两大异议：一是以前没有让伙计入身股的传统，这样破坏了传统！二是伙计们得了身股，身份和掌柜一样，会和掌柜平起平坐，掌柜如何号令伙计？(老板做合伙人制度是否也有这样的担忧？员工有了股权，与老板平起平坐怎么办？)

那么，乔致庸怎么回应？

他答：第一点，传统可以打破。

同时，他为第二个异议给出了解决思路：伙计们得了身股，只是和东家、掌柜一起分利益而已，身份仍是伙计，要听从掌柜的工作安排，掌柜对不听话的伙计可以责罚或辞退。

最后，经过一番交心，方案得到了掌柜们的支持！

实操中最难的是，伙计进来后，掌柜的分红少了，如何补偿？公司生意蒸蒸日上还好，如果业务徘徊不前，甚至逐年下降，如何平衡？

首先，乔致庸将股份分为银股和身股两种类型。

东家出银子拥有银股，相当于工商登记的注册股，可以享有永久利益，父死子继。而掌柜和伙计(相当于公司高管和核心人员)出力不出资，拥有身股。人在股在，人走股收。银股及身股的层级关系如图3-5所示。

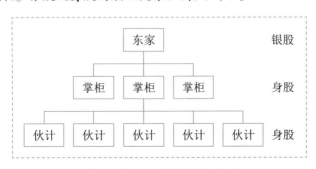

图3-5　银股及身股的层级关系

我们来看一下乔致庸提出的虚拟合伙激励(身股激励)的五步法。

1. 身股的资格

乔致庸规定"各号伙计出师后顶一份身股",得0.1股,即1厘。获得身股的资格是具有一定的工作年限和工作业绩。例如,工作年限达到4年(学徒时间一般为4年)、工作业绩评定工作合格者可转为伙计。

2. 身股的数量标准

身股制等级层次分明,从伙计到大掌柜分别为0.5厘至10厘(1分),即一共有19个等级,其中的几个等级及身股数量如表3-16所示。

表3-16 身股分红的几个等级及身股数量

大掌柜	二掌柜	三掌柜	伙计
1分	8厘	7厘	0.5~8厘

其中,掌柜的身股数量由东家决定,伙计的身股数量由东家和掌柜共同决定。

3. 身股的分红

身股与银股同股同分红,即身股分红和银股分红在同一个利润盘子里分配,这与大部分公司先分虚拟股再分实股的做法不同。

伙计个人身股分红=个人拥有身股数/(所有银股数+所有身股数)×可分利润。

举例:1889年刚改革时,银股20股,身股7.9股;1908年银股仍为20股,但身股增加至23.95股。

1890年,乔家票号盈利2.5万两白银,银股20股,身股7.9股,每股分红约896两白银(25 000÷27.9)。银股和身股分红分别约为1.79万两白银(25 000÷27.9×20)和0.71万两白银(25 000÷27.9×7.9)。

1908年,乔家票号盈利74万两白银,此时银股20股和身股23.95股分红分别约为33.67万两白银和40.33万两白银。

其中,身股分红增长55.80倍[(40.33-0.71)/ 0.71]。此时,员工分红比例为54.5%(40.33÷74),如表3-17所示。

表3-17 身股及银股的分红金额

年度	银股	身股	总股数	年利润	每股分红	银股分红	身股分红
1890年	20股	7.9股	27.9股	2.5万两	0.0896万两	1.79万两	0.71万两
1908年	20股	23.95股	43.95股	74万两	1.7万两	33.67万两	40.33万两
增长幅度	—	2.03倍	57.5%	28.6倍	17.97倍	17.81倍	55.80倍

从表3-17可知，乔东家虽然把一半的红利分给了员工，但他的收益是10年前的18.81倍(33.67÷1.79)。

另外，乔东家规定，顶身股的伙计没有年薪，只有分红。即员工没有固定工资，你要努力去拿绩效工资，这种做法是老板最喜欢的，没有成本压力。

那么伙计平时要生活，要购房，怎么办呢？

乔东家规定，伙计每个季度可以领取一次"应支银"，按一厘可以领取30两银子计算，到分红时将所领应支银扣除。这有点像会计的预支款。

本着现学现用的原则，我们把这一套机制活用到多个项目当中去了。

4. 身股的调整

股权激励最忌讳的是"躺在功劳簿上睡大觉"。身股数量不是一劳永逸的，应根据资历、贡献变化而调整。

其中能力强、贡献大的，身股数量增长快；能力弱、业绩不佳，身股数量增长慢。如有差错，甚至取消身股。

例如，1889年，大德通票号的高钰、赵调元、郝荃、王振铎的身股分别是3厘、2厘、2厘、5厘。但到了1908年分红时，高钰和郝荃的身股已经是10厘，而赵调元的身股只有4.5厘，王振铎的身股是7厘。

5. 身股的取消

对于有严重过错的，取消其获得的身股。

例如，顾大掌柜因私自用人、贪污公款等违反店规的行为，被乔东家辞退。同时，其享受的身股也被取消，一时震慑各分号掌柜。

对于在乔家工作满30年、没有重大过错的大掌柜，乔家保留其身股，养一辈子，直至其过世。

试想，在这种机制下，大掌柜及伙计工作时怎么会不全力以赴呢？

最后，笔者对虚拟合伙的优缺点做小结如下，详见表3-18。

表3-18 虚拟合伙的优缺点

优点	缺点
1. 本质上是分享制 虚拟股不涉及股权变更，也不需要去工商部门注册登记	1. 现金流要求高 公司现金流压力大，员工每年分红的意愿强烈
2. 设置灵活 虚拟股本质上还是一种公司的内部奖金激励机制，可根据公司实际情况和员工表现进行灵活调整，要合并工薪所得交税	2. 税务成本较大 按"工薪所得"的3%～45%交个人所得税，当分红超过96万元时，交45%的个人所得税
3. 收益与公司业绩挂钩 帮助员工建立起个人收益与公司发展挂钩的意识，为将来的实股做好铺垫，不失为一种比较简单的过渡方式	3. 缺乏安全感，保障性差 公司有可能取消虚拟股，给员工的安全感远不如实股激励
4. 进入和退出简单 因为无须在工商部门进行变更登记，所以虚拟合伙实行起来较为方便	4. 风险和收益不对称 员工通常不需出资购买，不需承担任何风险就可获得额外收益，收益与风险不匹配。另外，员工为了达到短期分红目的，可能采取不利于公司长久发展的行为

总之，虚拟合伙模式有利有弊，老板最好使用一段时间，把内部的奋斗者选拔出来，让他们赚到钱后再用实股进行激励。

第三节
如何做实股合伙激励

实股，指工商登记注册的股权，持有实股就意味着成为公司的自然人股东或有限合伙企业的合伙人(注：有限合伙人或普通合伙人)，受《公司法》或《合伙企业法》保护。

实股具有所有权、资产增值权及分红权。实股可以通过免费或出资方式获得，也可以无条件或设置条件获得。

本节所称的"实股"，主要针对非上市公司，而上市公司的股权激励模式，笔者将在本书第五章阐述。

笔者总结的实股激励六步法如图3-6所示，但笔者认为无论何种方案，最重要的是可操作及易操作。

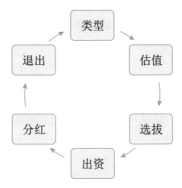

图3-6 实股激励六步法

读者谨记：实股是核武器，是企业的最后底牌，假如实股激励都失效了，还能拿什么给员工呢？

一、实股有哪些类型

在实操中，非上市公司的实股主要分三种类型，即期股、期权及工商股，如图3-7所示。

图3-7 非上市公司实股的三种类型

其中，期股=限制性股权；期权=股票期权；工商股=工商注册股。

工商股是股权的最高阶段；期股是现在交钱，解锁后拥有的工商股；而期权是未来交钱，行权后拥有的工商股。

因为工商股容易理解，笔者重点讲一下期股及期权两种类型。

(一) 期股

1. 定义

期股是指合伙人出资购买公司预先授予的实股股权额度,根据合伙人的工作年限或考核得分对应解锁完成后,合伙人所持有的一定数量的公司工商股或合伙企业财产份额。

2. 合伙制度设计示例

(1) 首批合伙人考核等级决定了其解锁条件,即期股额度分2年解锁,第1年解锁50%,第2年解锁50%,解锁年度为2019年和2020年两年。

第2批及以后批次的合伙人,根据其业绩情况分2年解锁,解锁的年度为自获得期股当年起算的第2年及第3年。

(2) 合伙人年度考核等级在A级及B级的,期股100%解锁,C级的80%解锁,同时公司规定合伙人年度考核等级在D级的,本年度的期股额度取消。

(3) 对于期股未完全解锁的合伙人,其实际出资与实际解锁的差额部分,公司在2年解锁期结束后于7个工作日内退还。出资与解锁的关系如表3-19所示。

表3-19　出资与解锁的关系

考核等级	含义	实际期股数量	出资款的退回
A	优秀	100%×个人期股额度	无
B	良好	100%×个人期股额度	无
C	合格	80%×个人期股额度	出资款-80%×个人期股额度
D	淘汰	无	全额退回

举例:合伙人甲获得期股额度为2万股,价格为1.0元/股,2019年年度考核等级为B,则本年度的期股数量=100%×2万股×50%=1.0万股;合伙人甲2020年年度考核等级为C,则本年度的期股=80%×2万股×50%=0.8万股。因此,合伙人甲最终获得期股总数量为1.8万股,公司退还0.2万元。

(二) 期权

1. 定义

期权是指合伙人获授在未来一定期限内以预先确定的价格和条件购买公司一定数量股票或股权的权利,当条件成熟后合伙人可以行权购买也可以放弃。

2. 解释

例如，员工张三被公司授予10万股期权，授予价格为2.0元/股，约定三年后可以行权。

如果三年到期后公司经营良好，假设公司当年的期权价格为5.0元/股，则张三须出资金额=10×2=20(万元)，账面溢价=(5.0-2.0)×10=30(万元)。

如果三年到期后公司经营较差，假设公司当年的期权价格为1.0元/股，因为低于授予价格2.0元/股，张三决定放弃行权。具体数据如表3-20所示。

表3-20 期权的解释

激励类型	数量/股	授予价/元/股	公司经营好		公司经营差	
			行权价/元/股	行权收益/元(未考虑税务)	行权价/元/股	行权收益(未考虑税务)
期权	100 000	2.0	5.0	300 000	1.0	放弃行权

3. 合伙制度设计示例

A公司注册资金为1000万元，已全部实缴到位。

甲方(即第一大股东)同意在今后5年内，根据乙方(即A公司总经理)为A公司做出的贡献，授予乙方5.0%的期权，价格为1.0元/股。

乙方分两次均等比例行权：

(1) 第1次行权：当A公司销售收入达到5000万元、净利润率不低于15%且乙方个人考核得分不低于90分时，乙方有权对2.5%的期权(出资金额为25万元)申请行权。

(2) 第2次行权：当A公司销售收入达到1亿元、净利润率不低于15%且乙方个人考核得分不低于90分时，乙方有权对剩余2.5%的期权(出资金额为25万元)申请行权。

乙方不得选择部分行权，未行权的部分不得累计至下一期。

乙方的行权期为A公司批准后的1个月内，逾期则视为乙方放弃行权。

乙方在行权期内认购股权的，甲乙双方应当签订正式的股权转让协议，乙方按本合同约定向甲方支付行权对价款后，乙方成为公司的正式股东，依法享有相应的股东权利。

A公司应当在三个月内申请办理工商变更登记手续。

甲方向乙方转让股权的税费由甲方承担。乙方行权产生的股份支付进入A公司的管理费用。

(三) 期股、期权及工商股的区别(见表3-21)

表3-21　期股、期权及工商股的区别

项目	期股	期权	工商股
购买时间	现在买	未来买	现在买(免费除外)
激励对象	企业发展前景乐观，激励对象相信企业	企业未来不确定，需要一起奋斗	企业发展前景乐观，激励对象相信企业
出发点	共创、共享、共担	共创、共享	共创、共享、共担
解锁/行权条件	解锁购买，达不到解锁条件，股份回购	行权购买，达不到行权条件，放弃购买	—
风险大小	风险中等，主要承担资金风险	风险最低，主要承担时间风险	风险最大，主要承担法律风险
股份支付	—	有	—

二、合伙人如何选拔

老板在做合伙人制度设计特别是合伙人选拔时有可能会遇到这样的情形：某天某部门总监张三气冲冲闯入你的办公室，说同样是总监，为何我的股份数量比李四少了10万股？为何他是第一批合伙人，而我是第二批的？

其实老板也挺郁闷的，老板有格局，愿意把股份分给员工，初心是好的，但操作不好的话有可能"激励一些人，而激怒另一些人"。

如何保证合伙人选拔的公平性呢？为了解决合伙人选拔的难题，笔者概括为三个方法，如图3-8所示。

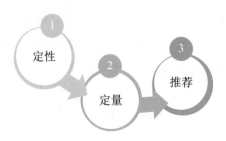

图3-8　合伙人选拔方法

（一）定性

企业应选择这样的人作为合伙人：认同公司的企业文化，与公司价值观高度一致，具有创业精神(注：指把做事当成快乐的事，而不是做事成功后，把拿到钱当成快乐的事)，且与公司签订《保密、知识产权保护和竞业禁止协议》。

笔者发现合伙人之间合作不下去，很大的原因是价值观不合，即三观不一致。有价值观的企业，如同《水浒传》里宋江领导下的梁山。

梁山靠什么吃饭？抢钱。

但在宋江时代有"替天行道"的价值观，即知道什么钱可以抢，什么钱不可抢。

而晁盖领导下的梁山好汉什么钱都抢，入伙需要投名状，不分青红皂白就杀人，这样的价值观一定会出事的。

所以我们需要正能量的价值观！

马云曾经说过："价值观不是虚无缥缈的东西，是需要考核的。"阿里巴巴对价值观中团队合作的考核如表3-22所示。

表3-22　阿里巴巴对团队合作考核的内容

团队合作，共担共享，平凡人做平凡事
1分：积极融入团队，乐于接受同事的帮助，配合团队完成工作
2分：决策前积极发表建设性意见，充分参与团队讨论；决策后，无论个人是否有异议，必须从言行上完全予以支持
3分：积极主动分享业务知识和经验，主动给予同事必要的帮助，善于利用团队的力量解决问题和困难
4分：善于和不同类型的同事合作，不将个人喜好带入工作中，充分体现"对事不对人"的原则
5分：有主人翁意识，积极正面地影响团队，改善团队士气和氛围

其实，考核价值观的过程既是合伙人理解价值观并达成共识的过程，也是激发合伙人真正认可和尊重价值观的过程，最终促使合伙人在工作中始终如一地贯彻这种价值观。

总之，老板要让价值观的影响像空气一样无处不在，无时不有。

（二）定量

实操中，定量包括工龄、岗位、业绩、数量及价格5个维度。按照合伙人进入的期次，合伙人分为首期合伙人、第二期及以后期次合伙人。

一般来说，首期合伙人是经过考验的，是对其历史贡献的肯定，可以不设置条件；从第二期开始应设定相应的条件。

1. 首期合伙人

【合伙制度设计示例】

(1) 工龄。2017年10月1日前入职；对于离职后再入职的员工，以前在本公司的工龄以3折计算。

(2) 岗位。管理职位系列M1职级(含)以上或专业技术职位系列P1(含)以上的员工，当合伙人同时兼有M职级及P职级时，取两者较高的。

(3) 业绩。近2年绩效考核等级为B/A，详见表3-23。

表3-23　首期合伙人的期股额度

级别	M职位系列	P职位系列	业绩	期股额度/股
4	总经理/副总经理	架构师	近2年绩效考核等级为B/A，近1年来未严重违反公司规章制度	100 000
3	总监	数据分析师/资深工程师		60 000
2	经理	高级工程师		30 000
1	主管	工程师		10 000

(4) 数量。合伙人获得表3-23中的期股额度后，再用工龄系数(见表3-24)及业绩系数(见表3-25)核算期股数量，分2年解锁。期股数量的计算公式为

授予期股数量=期股额度×(40%×工龄系数+60%×平均业绩系数)

表3-24　工龄系数表

工龄年数X	工龄系数
$X \geqslant 5$	2.0
$3 \leqslant X < 5$	1.5
$1 \leqslant X < 3$	1.0

表3-25　业绩系数表

年绩效考核等级	含义	业绩系数
A	优秀	1.5
B	良好	1.0

举例：王二是公司的部门经理，工龄3.2年，2016年及2017年评价等级分别

为A和B，则王二被授予的期股数量=30 000×[40%×1.5+60%×(1.5+1.0)/2]=40 500股。

(5) 价格。

每股定价=3.0元=3000万元/1000万股(公司注册资金为1000万元，公司估值为6000万元，给内部员工按3000万元核算，相当于打对折，即买1股送1股)。

根据授予的期股数量，合伙人需在15日内出资购买，逾期视同放弃资格。

2. 第二期及以后期次的合伙人

【合伙制度设计示例】

(1) 启动条件(须同时满足营业收入与净利润增长率指标，见表3-26)。

表3-26 第二期及以后期次启动的条件

期次	营业收入/元	净利润率	每股价格
第二期	1.5亿		按公司当时估值打折定价，且不得低于首批的3.0元/股
第三期	3.0亿	不低于10%	
第四期	5.0亿		
第五期以后批次由公司股东会决定			

(2) 期股数量参考首期合伙人的选拔标准执行。

(三) 推荐

1. 推荐的流程

新增加合伙人由创始合伙人/高级合伙人中的2名共同推荐，且经合伙人委员会超过2/3(含)委员同意。

2. 推荐的方法

在实操中，有些合伙人碍于面子让不合格的合伙人进入，那么，该如何解决呢？那就是建立联结，即做任何事一定要权、责、利对等，要让新老合伙人有一定的联结。笔者归纳了以下两种方法。

(1) "结对子"，即共同提高，共同进步，对被推荐人的业绩达成负责。

(2) "连坐制"，即入伙介绍人或推荐人要对其价值观负责，要终身追责。如果激励对象出现因过错退出的情形，公司要对推荐人予以处罚，例如连续两年分红打折及剥夺两期推荐新合伙人的权利。

案例3-8 同样是总监，为什么期股数量不同

某公司是专注于矿山数据软件研发及销售的高新技术企业，注册资金1000万元(已全部实缴到位)，共有76名员工。

1. 确定期股数量

经过多轮沟通，7名首期合伙人由创始股东推荐产生，根据期股数量=期股额度×(40%×工龄系数+60%×平均业绩系数)的公式，可以计算出每个合伙人的期股数量，如表3-27所示。

表3-27 期股授予数量

序号	姓名	所属部门	职务	2年平均业绩系数	工龄系数	期股额度/股	期股数量/股
1	A	总经办	副总经理/架构师	1.25	1.5	100 000	135 000
2	B	研发中心	数据分析师	1.50	2.0	60 000	102 000
3	C	销售中心	总监	1.50	1.0	60 000	78 000
4	D	研发中心	资深工程师	1.25	1.0	60 000	69 000
5	E	采购部	经理	1.50	1.0	30 000	39 000
6	F	研发中心	高级工程师	1.50	2.0	30 000	51 000
7	G	财务部	经理	1.00	1.5	10 000	12 000
合计							486 000

2. 核算持股比例

1) 将原出资折算为期股

鉴于2年前员工A、B、C、F及G看中公司的发展前景及被创始股东人格魅力所吸引，当时投资了部分资金(共15万元)参与虚拟股激励计划，类似天使轮投资，故公司股东会决定，当时购入虚拟股的资金就不退回了，且按5倍的标准折算为现在的出资金额，再计算现在的期股数量，期股数量=5×当时出资/3.0。

举例：员工A当时出资45 000元，折算为现在出资225 000元(5×45 000)，相当于期股数量=225 000/3.0=75 000股。

2) 总出资核算

员工A的期股合计=原出资折股+期股数量=75 000+135 000=210 000股。

员工A的总出资=210 000×3.0=630 000元。

已知给员工的内部估值为3 000万元，因此员工A所持股份占有比例=63

万/3000万=2.10%。计算结果如表3-28所示。

表3-28 合伙人股份占公司股份比例

序号	姓名	所属部门	职务	原出资/元	5倍折算出资/元	原出资折股/股	期股数量/股	期股合计/股	价格/元/股	总出资/元	所持股份占有比例
1	A	总经办	副总经理/架构师	45 000	225 000	75 000	135 000	210 000	3.00	630 000	2.10%
2	B	研发中心	数据分析师	40 000	200 000	66 667	102 000	168 667	3.00	506 000	1.69%
3	C	销售中心	总监	30 000	150 000	50 000	78 000	128 000	3.00	384 000	1.28%
4	D	研发中心	资深工程师	0	0	0	69 000	69 000	3.00	207 000	0.69%
5	E	采购部	经理	0	0	0	39 000	39 000	3.00	117 000	0.39%
6	F	研发中心	高级工程师	20 000	100 000	33 333	51 000	84 333	3.00	253 000	0.84%
7	G	财务部	经理	15 000	75 000	25 000	12 000	37 000	3.00	111 000	0.37%
	合计			150 000	750 000	250 000	486 000	736 000	—	2 208 000	7.36%

三、合伙人如何出资

案例3-9 **林冲上梁山时为何要把"杀人"当作"投名状"**

大家应该听过《水浒传》中林冲雪夜上梁山的故事。

林冲上梁山入伙，要交投名状。这是因为这个投名状有三层含义。一是证明你的能力——有杀人的本事，梁山可是不养闲人的。

二是断退路。杀人是死罪，意味着林冲再无退路，只能在梁山"创业"到底，再无"跳槽"的机会。

三是表明入伙决心，敢于承担责任。

因此林冲杀人就是对梁山当时的首领王伦的投名状。

其实《水浒传》就是一部合伙创业史。林冲上水泊梁山入伙，与创业公司合伙人入伙很类似。而水泊梁山就像一家创业公司，既需要林冲这样武功高强的合伙人，也需要智多星吴用这样的谋士入伙，最难能可贵的是玉麒麟卢俊义还自带资金创业。

因此我们可以看到，宋江与107个合伙人互补性很强，能做到取长补短，可谓是集合伙创业之大成。

当然，梁山最后也要面临独立上市(自立为王)还是被上市公司并购(招安)的选择，可惜宋江一心想被招安，结果失去公司控制权，不禁让人叹息。

你要想成为合伙人，不能像林冲一样去杀人，但如何证明你的能力与合伙的决心呢，那就是出资，真金白银地出钱。

在实操中，合伙人出资可以分对内与对外两种情形：对内出资表现为员工出资而成为公司的股东或合伙人，而对外出资更多地表现为老板对外投资，即老板成为其他公司的股东。当然老板在本公司是大股东，而在其他公司可能是小股东了。

这种角色的转变很考验老板的心态。

(一) 员工对内出资

通常来说，员工对内出资有三种情形，笔者归纳为上策为买、中策为借、下策为送，如图3-9所示。

图3-9　合伙人出资的"上中下"策

1. "送"是下策

案例3-10 无偿转让股权还是免费赠与股权的纠纷案

2011年8月，兰侠(转让方)与方芳(受让方)签订《股份转让协议》，就金立翔公司部分股份转让事宜达成一致，转让方自愿并无偿将其在金立翔公司1%股份转让给受让方，具体转让时间以"正式转让合同"中约定为准。

受让方同意接受该转让的股份。受让方无须就该转让股份向转让方支付任何费用或交付任何等价物。

协议约定内容自签订之后即生效，有效期自协议签订日起至双方签订的"正式转让合同"生效后止。无论转让方因何种原因无法履行协议约定内容或就协议约定内容构成违约，转让方必须向受让方支付与转让股份等值的货币作为补偿或赔偿。

双方承诺"正式转让合同"暂定于两年后签订，但最长不得超过五年。

其后，因兰侠向方芳送达律师函，告知撤销赠与，方芳于是向法院提起诉讼主张权利，其认为兰侠处分股份的性质为转让而非赠与，兰侠无权撤销，应当依据协议书约定承担相应的违约责任。

1. 一审判决

北京市昌平区人民法院认为，首先，对于《股份转让协议书》的性质，双方存有是赠与合同还是股权转让合同的争议。结合协议书内容可知，双方已就兰侠转让其在金立翔公司1%的股权达成一致，协议特别就无须支付费用或其他等价物、生效时间、违约责任等做出明确约定，其名称即为《股份转让协议》，且考虑到兰侠在金立翔公司的任职及股权情况，上述协议的性质应属于股权转让协议，而非更强调身份意义的赠与合同。

其次，关于《股权转让协议》的效力问题。结合前述，在协议系股权转让性质的前提下，如无特别缘由，兰侠并不享有撤销权。在合同内容于法不悖的情况下，涉案《股权转让协议书》成立并生效，对双方当事人均产生约束力。

综上，法院判决兰侠于判决生效之日起十日内赔偿方芳2 619 141元。

但兰侠继续坚持涉案《股权转让协议书》为赠与合同，并提起上诉。

2.二审判决

2016年3月，北京市第一中级人民法院认为，所谓赠与是将自己的财产无偿给予受赠人，受赠人表示接受赠与的合同，赠与合同原则上是实践性合同，赠与人在赠与财产转移之前可以撤销赠与。

而本案中，双方签订合同名称即为"转让"，同时对生效时间、违约责任做出了明确约定，并无任何"赠与"的表述。兰侠主张股权转让协议为赠与意向缺乏事实和法律依据。

股权转让协议是当事人真实意思表示，内容并未违反法律法规的禁止性规定，应属有效，双方均应依法履行。

双方欲转让金立翔公司股权，而时为有限责任公司的金立翔公司的其他股东不知情、不认可，且双方在股权转让协议中亦约定正式的股权转让合同暂定于两年后签订，故股权转让协议并不产生立即使方芳取得相应股份的后果，但上述情形均不影响协议中确定的违约条款的法律效力。

现方案基于兰侠不能向其转让相应股份而要求其承担违约责任，具有合同依据。

综上，二审法院判决，驳回上诉，维持原判。

1)"送股"的可能情形

在实操中，"送股"不适用对内股权转让，而适用于那些有资源的、有权力的外部合伙人，因他们为公司做出突出贡献，所以赠送股份。

笔者建议，如果老板要"送股"给内部的员工，在协议中尽量使用股权"无偿转让"的表述，而不出现股权"赠与"的字眼。

2)"送股"可能涉税

对于老板把股权免费"送"给员工，员工按什么税目交个人所得税，实操中有两种情况：一是对于上市公司，员工按照"工资薪金所得"税目交个税，税率为3%～45%。二是对于非上市公司，员工按照"财产转让所得"税目交个人所得税，税率为20%。应交个人所得税的计算公式为

应交个人所得税=(股权转让价-股权计税成本-与股权转让相关的印花税等税费)×20%

但笔者认为"财产转让所得"针对的是失去股权并取得收入的出让方，而用

这个税目来对受赠方或员工征税，是不合适的，实操中以当地税务机关的自由裁量权为准。

总之，免费"送"股要不得。

2. "借"是中策

1）"借"的对象

老板借钱给谁？在实操中"借"的对象须同时满足两点要求：一是对于公司不可或缺的技术研发人员；二是家庭发生重大变故的员工。

2）"借"的艺术

借出多少钱？老板要掌握一个原则，即可以借，但员工需要自筹1/3以上的资金。那么，借给员工钱时是否要收利息？例如，可以规定按照6%年利率收取利息，目的有两个：一是不能无偿使用资金；二是让员工早日还钱。

总之，借是有艺术的，会做人做事的老板会让员工感激涕零，能够激发出员工努力工作的动力。

3）"借"的风险

有的老板说："我借给你钱的事，不要告诉他人。"一般情况下，纸是包不住火的，其他员工很可能很快知道。这样就会带来不必要的抱怨，结果是好心办坏事。

所以，借的操作要透明，杜绝暗箱操作。

3. "买"是上策

俗话说，"不掏钱，不交心"，钱在哪里心就在哪里。林冲上梁山还讲"投名状"呢。因此员工出资从某种意义上来说，是对老板或公司纳了"投名状"。要让员工知道公司不是缺员工这点钱，而是老板要员工的一份忠诚。

员工不愿意出资，通常有三种情形，一是不认同公司或老板；二是员工真没钱；三是公司资产太重了，员工掏不起钱。

第一种情形表明员工不可能与老板一条心，三观不一致，强扭的瓜不甜。老板对于这类员工的使用，原则上实行"三不原则"，即不重用、不提拔、不加薪，也意味着他在本公司的政治生命就结束了。虽有偏颇，但话糙理不糙！

针对第二种情形，在实操中可以考虑让员工把部分的工资、年终奖、股权分红等收入，分若干年回填其应缴的出资，如表3-29所示。

表3-29 出资回填申请表

鉴于本人于××年××月××日参与公司的合伙人激励计划，获得公司授予的期股数量为20万股(贰拾万股)，价格为3.0元/股，总出资60万元(陆拾万元)。

按照公司关于合伙人出资比例不低于50%，且2年内完成全部出资的要求，本人承诺并同意如下条款。

一、现金出资

本人将于××年××月××日以现金方式完成30万元(叁拾万元)的出资，并汇入××有限合伙企业的对公账户。

二、回填出资

剩余的30万元(叁拾万元)出资，本人承诺在随后的1年内完成出资，并不会改变《劳动合同》中的工资总额的约定，出资形式包括如下两种方式：

(1) 月工资转出资：每月转1.5万元(壹万伍仟元)，合计18万元(壹拾捌万元)。

(2) 年终奖转出资：预估本人年终奖为20万元(贰拾万元)，本人同意转其中的12万元(壹拾贰万元)为出资款。

(3) 利息核算标准：本人同意向公司支付利息，超过半年按1.8万元支付；不到半年按0.9万元支付。自第一次回填出资时起算，支付金额为半年后，即××年××月××日

	本人签字并按手印：
	日期：
GP(普通合伙人) 审核意见	××有限合伙企业盖章：
	日期：
公司董事长 审核意见	签字：
	日期：

对于第三种情形，在重资产公司，员工认同老板的经营理念及看重公司的发展前景，打算对内出资成为合伙人，但因为公司资产过重，最终有心无力，非常可惜。

(二) 老板对外出资

老板在夯实自己的主业后，可能会有对外投资其他公司的冲动，进而赚取更多的利润。对外出资的方式包括4种，如图3-10所示。

图3-10 对外出资的4种方式

其中现金出资是被投资企业较喜欢的方式，而实物、无形资产及换股均会涉及税务的问题，较少应用。

案例3-11 张三以发明专利出资为何能节税250万元

老板张三在两年前用100万元购买了一项发明专利，现在经评估以1000万元(注：发生评估费、中介费等各种税费20万元)投资到李四任大股东的A公司(注册资金500万元，企业所得税率为25%)。

经双方协商，A公司的投后估值为5000万元，张三以自然人股东身份占有20%股份，并在规定时间内办理了发明专利转移至A公司的手续。

此时，A公司的会计分录为：

借：无形资产　　　　　　　1000万元

　　贷：实收资本　　　　　　　125万元

　　　　资本公积　　　　　　　875万元

按税法的规定，该项发明专利分10年摊销，即每年100万元，因此可以节省的企业所得税=100×25%=25(万元)，10年累计节税达250万元。

张三以发明专利入股，即非货币投资，要交个人所得税吗？

根据《关于个人非货币性资产投资有关个人所得税政策的通知》(财税〔2015〕41号)的规定："(一) 个人以非货币性资产投资，属于个人转让非货币性资产和投资同时发生。对个人转让非货币性资产的所得，应按照'财产转让所得'项目，依法计算缴纳个人所得税。(二) 个人以非货币性资产投资，应按评估后的公允价值确认非货币性资产转让收入。非货币性资产转让收入减除该资产原值及合理税费后的余额为应纳税所得额。"

故张三应交个人所得税=(1000-100-20)×20%=176(万元)。

张三在纳税过程中有两种优惠政策可选择适用以下两个：

(1) 根据《财政部、国家税务总局关于个人非货币性资产投资有关个人所得税政策的通知》(财税〔2015〕41号)："纳税人一次性缴税有困难的，可合理确定分期缴纳计划并报主管税务机关备案后，5年内分期缴纳个人所得税。"

(2) 根据《财政部、国家税务总局关于完善股权激励和技术入股有关所得税政策的通知》(财税〔2016〕101号)："(一) 企业或个人以技术成果投资入股到境内居民企业，被投资企业支付的对价全部为股票(权)的，企业或个人可选择继续按现行有关税收政策执行，也可选择适用递延纳税优惠政策。选择技术成果投资入股递延纳税政策的，经向主管税务机关备案，投资入股当期可暂不纳税，允许递延至转让股权时，按股权转让收入减去技术成果原值和合理税费后的差额计算缴纳所得税。(二) 企业或个人选择适用上述任一项政策，均允许被投资企业按技术成果投资入股时的评估值入账并在企业所得税前摊销扣除。"

最后张三选择了第二个选项。

假设3年后张三要把其持有A公司10%的股权(未考虑稀释情形)以3000万元转让给王二，则张三要交的个税=(3000-100-20)×20%=576(万元)。

但张三的转让款不得低于A公司的账面净资产。

最后，对于合伙人出资这个环节，笔者将下面几句话送给大家：

因为看见，所以相信；

还是因为相信，所以看见。

站在现在看未来，是本能；

站在未来看现在，是本事。

四、合伙人如何分红

(一) 分红的前提

(1) 股东取得公司红利应同时满足两个条件：一是公司有可供分配的利润；二是公司股东会对公司分红做出有效决议。

(2) 公司在盈利后，合法分红的流程如图3-11所示。

图3-11　合法分红的流程

（二）分红的时间

案例3-12 公司赚了钱，何时给股东分红

2018年1月5日，甲公司股东会做出股东会决议：将公司2017年待分配利润中的80%按照公司章程约定的比例分配给各股东，将剩余20%提取为任意公积金。

2019年6月30日，各股东收到了公司发放的红利，即一年后股东才收到了这笔钱。但是，甲公司章程中规定公司的利润应当在决议做出后十个月内分配给股东。

1. 甲公司股东是否有权向法院申请撤销该股东会决议？

解释：无权撤销整个决议，但有权撤销决议中有关利润分配的规定。根据《最高人民法院关于适用〈中华人民共和国公司法〉若干问题的规定(五)》(以下简称《公司法司法解释五》)第4条第2款的规定，决议中载明的利润分配完成时间超过公司章程规定的时间的，股东可依据《公司法》第22条第2款规定，请求人民法院撤销决议中关于该时间的规定。

本案中，甲公司股东会决议中规定的利润分配完成时间超过了公司章程规定的时间，股东可请求法院撤销该决议中关于该时间的规定，并非撤销整个决议。

2. 如果决议中的分红期被撤销，甲公司应在什么期限内完成利润的分配？

解释：甲公司应当依公司章程，在决议做出十个月内完成利润分配。根据《公司法司法解释五》第4条第1款的规定，分配利润的股东会或者股东大会决议做出后，公司应当在决议载明的时间内完成利润分配。决议没有载明时间的，以公司章程规定的为准。决议、章程中均没有规定时间或者时间超过一年的，公司应当自决议做出之日起一年内完成利润分配。

本案中，甲公司股东会的分红决议中有关利润分配期限的规定如果被撤销，应按照公司章程中规定的十个月的期限完成利润分配。

（三）分红的对象

1. 分红对象是员工

如果分红对象是员工，不是股东的话，就不能套用20%的个人所得税税率，大家经常听说的身股激励、虚拟分红，通常来说有两种处理方式：

(1) 并入当月"工资薪金所得"，按3%~45%税率交个人所得税。例如，某个员工的虚拟分红超过96万元时，就适用45%的税率。

但是按照目前税法的规定，工资收入要并入当年综合所得进行汇算清缴，次年3月1日至6月30日内办理。

(2) 虚拟分红按一次性奖金形式来处理，一次性奖金如何交税呢？其实是有税收优惠政策的，具体来说是以全年一次性奖金收入除以12个月得到的数额，去对应按月换算后的综合所得税率表(详见表3-30)，确定适用税率和扣除数，单独计算纳税。

表3-30 按月换算后的综合所得税率表

级数	全月应纳税所得额	税率	速算扣除数/元
1	不超过3000元	3%	0
2	超过3000至12 000的部分	10%	210
3	超过12 000至25 000的部分	20%	1410
4	超过25 000至35 000的部分	25%	2660
5	超过35 000至55 000的部分	30%	4410
6	超过55 000至80 000的部分	35%	7160
7	超过80 000的部分	45%	15 160

不过，一次性奖金不并入当年综合所得。

例如某员工虚拟分红得到60万元，计入一次性奖励，对应税率为30%(即60万/12=5万，对应于第5级数)，则应交个人所得税=60万×30%-4410=175 590(元)。

但是，年终奖的优惠税收政策在2023年12月31日终止了。

2. 分红对象是居民企业

居民企业是指依法在中国境内成立，或者依照外国(地区)法律成立但实际管理机构在中国境内的企业。

关于这部分内容，在前面几章中已详细阐述了，笔者就不赘述了。

3. 分红对象是非居民企业

非居民企业是指依照外国法律、法规成立且实际管理机构不在中国境内，但在中国境内设立机构、场所的，或在中国境内未设立机构场所，但有来源于中国境内所得的企业。

值得注意的是，这里提到的非居民企业的情形，包括港澳台地区。

案例3-13 非居民企业收到被投资企业的300万元红利，要交企业所得税吗

2019年5月，西湖公司成立，由两个法人股东构成，分别是国内的杭州公司(持股比例为70%)及国外的美国公司(非居民企业，持股比例为30%)，股权架构如图3-12所示。

图3-12 杭州公司的股权架构

现在西湖公司的可分配利润为1000万元，股东会决定按持股比例分配。

请问：美国公司获得中国境内的分红300万元，如何交税？

首先，税法的相关规定主要有两个：

第一，《企业所得税法》第19条规定，非居民企业取得《企业所得税法》第3条第3款规定的所得，股息、红利等权益性投资收益和利息、租金、特许权使用费所得，以收入全额为应纳税所得额。

第二，《企业所得税法实施条例》第91条规定，非居民企业取得《企业所得税法》第27条第5项规定的所得，减按10%的税率征收企业所得税。

虽然税法规定的税率是10%，但如果非居民企业所在国家或地区与我国签订了税收协定，协定的税率低于10%，则可以按协定的税率执行。例如中国内地与香港特别行政区税收协定是5%。

因此，美国公司应交企业所得税=300×10%=30(万元)。

这就能解释为何很多美国公司先在中国香港设立公司，再以香港公司在中国内地投资了。

其次，非居民企业取得的被投资企业在2017年以前实现的税后利润分红，税法规定还是按原政策执行，即不缴纳企业所得税。

最后，可根据财税〔2017〕88号的规定，对境外投资者从中国境内居民企业分配的利润，直接投资于鼓励类投资项目，凡符合规定条件的，实行递延纳税政策，暂不征收预提所得税。

(四) 分红的测算

下面结合一个真实的案例来说明如何进行分红的测算。

【分红示例】

甲公司成立于2016年7月，是从事矿山监测与运营的高新技术企业，注册资金1000万元。

为了留住核心员工，2019年2月甲公司启动了首期合伙人激励计划。经甲公司股东会讨论，全体股东就以下方案达成一致意见。

1. 激励模式

本轮激励计划采取期股模式，首期合伙人分两年时间完成先出资后解锁。

(1) 2019年4月1日，合伙人完成50%出资；2020年3月31日，合伙人根据公司目标及本人考核结果两个指标完成对期股 (注：如果合伙人不达标则退回出资)。

(2) 2020年4月1日，合伙人完成剩余50%的出资，并于2021年3月31日完成对期股的解锁。

2. 内部估值

鉴于甲公司账面净资产为3200万元，且设备及房产等固定资产超过1200万元，甲公司股东会考虑到首期合伙人的历史贡献，确定内部估值为3000万元，因此首期合伙人入股价格为3.0元/股(3000/1000)。

3. 分红规定

1) 分红触动

鉴于甲公司财务不规范，经全体合伙人商议，采取毛利润作为分红的依据，如表3-31所示。

表3-31 分红的触动条件

年度	目标收入/万元	毛利润/万元	备注
2019年	1500	900	——
2020年	2000	1200	——
2021年	5000	1800	预计原材料价格上涨，毛利率降低14%

2) 分红金额

全体合伙人同意，分红金额=毛利润×分红比例，如表3-32所示。

表3-32 按毛利润分红的金额

毛利润X/万元	分红比例
$500 \leqslant X < 1000$	50.0%
$X \geqslant 10000$	40.0%

假如2020年甲公司的毛利润为900万元，对应50%的分红比例，则当年甲公司的分红总金额=900×50%=450(万元)。

3) 分红回报

鉴于甲公司注册资金为1000万元(注：已实缴到位)，全体合伙人认同甲公司估值为3000万元，因此首期合伙人激励股票的价格为3.0元/股。

假设甲公司2021年1月8日完成考核工作，且员工A考核达标，而员工B考核不达标；分红时间为当年春节前。

(1) 员工A：两年共被授予21万期股，价格为3.0元/股，出资金额=10.5×3.0=31.5(万元)。2019年考核达标，成功解锁50%期股，即将10.5万股的期股转为工商股，可以计算出员工A所持工商股占甲公司股份的比例=31.5/3000=1.05%，此时分红金额=450×1.05%=4.725(万元)。

(2) 员工B：两年共被授予168 667股期股，价格为3.0元/股，出资金额约=168 667×3.0≈50.6(万元)。2019年员工B考核不达标，50%期股不能解锁，此时原出资的25.3万元退回，期股自动作废。

2020年甲公司合伙人的解锁、分红等情形，如表3-33所示。

同理，我们可以计算2021年甲公司合伙人的解锁、分红等情形，如表3-34所示。表3-34中数据显示，合伙人两年平均分红的投资回报率(ROI)为14%，还是有些吸引力的。

表3-33 期股解锁及分红金额（一）

序号	姓名	所属部门	职务	期次	期股数量股	预计总出资元	进入定价/元/股	2020年					
								第1次出资50%/元	第1次考核	50%解锁/股	个人股份比例	分红/元	退回金额元
1	A	总经办	副总经理/架构师	第1期	210 000	630 000	3.00	315 000	达标	105 000	1.05%	47 250	0
2	B	研发中心	数据分析师	第1期	168 667	506 000	3.00	253 000	不达标	—	0.00%	—	253 000
3	C	销售中心	总监	第1期	128 000	384 000	3.00	192 000	达标	64 000	0.64%	28 800	0
4	D	研发中心	资深工程师	第1期	69 000	207 000	3.00	103 500	达标	34 500	0.35%	15 525	0
5	E	采购部	经理	第1期	39 000	117 000	3.00	58 500	达标	19 500	0.20%	8 775	0
6	F	研发中心	高级工程师	第1期	84 333	253 000	3.00	126 500	达标	42 167	0.42%	18 975	0
7	G	财务部	经理	第1期	37 000	111 000	3.00	55 500	达标	18 500	0.19%	8 325	0

表3-34 按毛利润分红的金额（二）

序号	姓名	所属部门	职务	2021年										
				第2次考核	50%解锁/股	进入定价/元/股	第2次出资50%/元	2年总出资/万元	2021年初持有股数股	个人股份比例	分红/万元	退回金额/万元	2次总分红/元	年投资回报率(ROI)
1	A	总经办	副总经理/架构师	达标	105 000	3.00	315 000	630 000	210 000	2.10%	126 000	0.00	173 250	14%
2	B	研发中心	数据分析师	不达标	—	3.00	—	—	—	0.00%	—	0.00	—	0%
3	C	销售中心	总监	达标	64 000	3.00	192 000	384 000	128 000	1.28%	76 800	0.00	105 600	14%
4	D	研发中心	资深工程师	达标	34 500	3.00	103 500	207 000	69 000	0.69%	41 400	0.00	56 925	14%
5	E	采购部	经理	达标	19 500	3.00	58 500	117 000	39 000	0.39%	23 400	0.00	32 175	14%
6	F	研发中心	高级工程师	达标	42 167	3.00	126 500	253 000	84 333	0.84%	50 600	0.00	69 575	14%
7	G	财务部	经理	达标	18 500	3.00	55 500	111 000	37 000	0.37%	22 200	0.00	30 525	14%

笔者设计的规则是，当员工第一年考核达标时，应在15日内完成对第二年剩余50%期股的出资；如果未达标，则不出资，但应该给予弥补的机会。因此规定那些第一年因各种原因考核未达标，但第二年知耻而后勇，考核达标了的员工，有权在15日内完成对剩余50%期股的出资，甲公司应配合完成工商登记手续。

从公平的角度考虑，这类员工本年度不得享有分红，从下年度开始按工商股享受对应的分红，并且支付出资金额的6%(相当于内部利息)给甲公司作为机会成本。其目的是让员工在解锁期内，全力以赴超额完成公司下达的各项指标，当然考核的合理性是另外一个话题了。

五、合伙人如何退出

退出是合伙人制度设计中最重要的一环，笔者在实操中总结了退出的12字口诀：类型、价格、金额、接盘、纠纷及风险，如图3-13所示。

图3-13 退出12字口诀

(一) 类型

笔者认为，合伙人退出有4种类型，如图3-14所示。本书重点介绍正常退出与非正常退出。

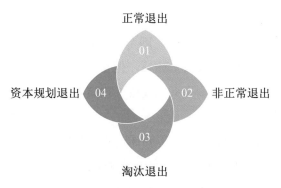

图3-14　退出的4种类型

1. 正常退出

正常退出的情形包括公司裁员、员工离职、合伙人丧失劳动能力、合伙人离婚、合伙人死亡等。

2. 非正常退出

非正常退出的原因包括失职、渎职、收商业回扣、营私舞弊、泄露公司商业机密、侵占或挪用公司资产等，也包括本人或亲属(包括配偶、子女、父母、兄弟姐妹等)开设与其任职公司相同或相近的业务公司。

案例3-14 **股东丙的股权退出金额是200万元还是90万元**

某公司注册资金为1000万元，由甲、乙、丙三名股东构成，三人分别出资500万元、300万元、200万元，已全部实缴到位。

股东退出条款是这样规定的："股东如触犯刑律而被人民法院判处1年以上有期徒刑的，将触动股东的回购机制，其中甲股东有优先回购权，应在15日内回购其全部股份，回购价格为其出资额；当甲股东逾期不回购时，由其他股东负责回购。"

现在遇到问题了，丙股东因故意伤害罪被人民法院判处3年有期徒刑，其原投资额为200万元，但是公司发生亏损500万元，公司账面净资产为450万元。

请问：甲股东是按200万元还是按90万元(450×20%)回购丙股东所持有的20%股权？

案例中，该公司退出条款规定"回购价格为其出资额"，故甲股东若想回购需出资200万元。

综上可知，对于股东非正常退出的约定，行文一定要严谨，例如可以用类似的语句做出规定："股东退出时其他股东对其股份的回购价格以其本人出资额与公司最近一个月末账面净资产为依据，取两者孰低者。"

(二) 价格

退出价格是合伙人之间最敏感、最易产生纠纷的话题，因为这与股东的利益息息相关。退出价格一般包括三种类型，即折价、平价及溢价，如图3-15所示。

图3-15 退出价格的三种类型

1. 折价退出

折价退出适用于股东因过错退出及入股未满一定的年限而退出两种情况。例如，合伙人违犯竞业协议在外面开设类似的公司，他当初投资了100万元，退出时可以按原投资金额的6折回购其股份。实操中，有些公司还扣减其给公司造成的损失。

例如，大家约定投资满1年后才能退出，但有的股东在投资半年后就想退出，此时可以约定退出时按原投资金额的8折退出。

2. 平价退出

平价退出适用于无过错但未满一定年限的退出。例如，规定入股超过1年但不满3年时退出就按平价退出处理，股东当初投了多少钱，现在就退给他多少钱。

在实操中，有些公司规定，如果股东被判刑，就平价退出。但这种退出处理遇到的纠纷比较多。

3. 溢价退出

溢价退出是主要的退出方式，一般以净利润、净资产或最近一轮估值的折价作为退出价格结算的标准。

(三) 金额

合伙人退出时，公司可能有利润但无现金，现金可能被应收账款或存货占用了。

在实操中，建议大家看一下公司财务报表中的"货币资金"科目，并用货币资金除以账面净资产，得出一个比例，笔者把它称为"占现比"。

例如，合伙人当初出资100万元，占10%股份，退出时公司账面净资产为1亿元，经测算上个月的"占现比"是60%，那么合伙人退出金额为600万元，而不是1000万元。

当然对于这些规则，全体合伙人需要提前约定好。

案例3-15 合伙人退出金额如何与离职系数及销售收入挂钩

杭州某家居设计公司全体合伙人约定，合伙人进入及退出的价格，均按照净资产(PB)统一核算，首期合伙人进入价格为1.0元/股。

针对合伙人"同意离职"退股的情形，笔者设置相应的离职系数，如表3-35所示。

表3-35　离职系数

1年内	1~3年	3~6年	6年以上
0.50	0.80	1.00	1.20

同时规定，合伙人退出价格与公司销售收入相关联(注：实操中也可以与净利润挂钩，但该公司客户基本上为普通家庭，不需要发票，因此存在财务的不规范性，故采取销售收入作为合伙人分红及退出核算的依据)，如表3-36所示。

表3-36　销售收入与按净资产核算退出的关系

销售收入X	按PB核算退出离职系数
$X \leq 0.75$亿元	1.00
0.75亿元$< X \leq 1$亿元	1.25

（续表）

销售收入X	按PB核算退出离职系数
1亿元<X≤1.25亿元	1.50
1.25亿元<X≤1.50亿元	1.75
X>1.50亿元	2.00

因此，合伙人退出金额=原值部分+增值部分×离职系数，其中原值部分=实股数量×1.0元/股，增值部分=实股数量×(按净资产核算退出价格-1.0元/股)。

举例：2018年5月，设计中心首席设计师A获得公司授予的75.67万股的期股。

2020年5月，设计师A所持期股已完全解锁，且完成出资75.67万元。

2022年3月，设计师A正常离职，假设当时公司销售收入为0.8亿元，则合伙人A退出金额=原值部分+增值部分×离职系数=75.67万股×1.0元/股+75.67万股×(1.25-1.0)元/股×0.5≈75.67万元+9.46万元≈85.13万元。

设计师A的本金增值率=(85.13-75.67)/75.67≈12.5%。

在设计师A离职时间不变的前提下，同理可以推算出，当公司销售收入分别达到1.4亿元及2.0亿元时，经测算A退出金额分别为104.05万元及113.51万元。

A的本金增值率分别为37.5%及50.0%。具体退出测算数据，如表3-37所示。

表3-37 按净资产核算退出的情形

序号	姓名	部门	岗位	期股转实股/万股	按PB退出（销售收入0.8亿元）			按PB退出（销售收入1.4亿元）		按PB退出（销售收入2.0亿元）	
					原值/万元	增值/万元	退出金额/万元	增值/万元	退出金额/万元	增值/万元	退出金额/万元
1	A	设计中心	首席设计师	75.67	75.67	9.46	85.13	28.38	104.05	37.84	113.51
2	B	设计中心	资深设计师	45.12	45.12	5.64	50.76	16.92	62.04	22.56	67.68
3	C	市场部	客户经理	38.91	38.91	4.86	43.77	14.59	53.50	19.46	58.37
4	D	设计中心	主任设计师	40.03	40.03	5.00	45.03	15.01	55.04	20.02	60.05

我们可以看出，合伙人在公司工作的时间越长，公司销售收入越高，其退出的金额也越多。这种退出金额核算方法简单易操作。

(四) 接盘

定下退出金额后,接下来就要确定由谁来接盘的问题。

退出的对象可以分为两类:一是直接持股的股东;二是间接持股的股东或合伙人。

针对第一类情况,可以约定退出者要将股份转让给第一大股东或第一大股东指定的人,这属于内部转让;如果向外部转让股份,则需要提前30天告知其他股东。这类情况好解决,只要谈好退出价格就可以。

针对第二类情况,有多种可能。例如,在有限合伙企业持股并退出,退出者的股份该由普通合伙人(GP)还是该由公司第一大股东来接盘呢?

请大家思考一下,如果他们都没有钱来接盘,是否就意味着合伙人退不出去了?实操中,最怕地主手中也无余粮了。

另外,如果普通合伙人不是老板,他也没有实力来接盘,那么实操中只能由老板将钱分给普通合伙人,普通合伙人把退出合伙人的股份接下来,然后择机转让给新进来的合伙人。至于是否溢价,可以协商约定。

(五) 纠纷

1. 非正常退出时是否需要签订竞业协议

例如,合伙人在任职期间,在外面经营与原公司相同的业务,后被公司发现违反了合伙人竞业协议。于是公司要求其退出,退出价格为入股本金的2折,但公司未与其签订相应的竞业协议,产生了退出纠纷。

因此,合伙之初双方应签订竞业协议,避免不必要的纠纷。

2. 淘汰退出时绩效目标制定是否合理

例如,某公司要求负责销售的合伙人,在期股授予期内,每年销售收入增长率不得低于60%,如果连续2年不达标就触动退出机制。

但经分析,市场容量接近饱和,即使优秀同行每年的销售收入也只能增长30%。

所以目标制定过高,合伙人退出时会心有不甘。

3. 如何处理退出时对剩余财产所有权的主张

例如,某公司规定每年提取税后利润的30%作为发展基金,于是形成了"未分配利润"。合伙人退出时，会认为此"未分配利润"当中也有他的一份，此时要不要给他呢？

为避免纠纷，在进行合伙制度设计时要有"退出时放弃对剩余财产的所有权"这句话。

(六) 风险

合伙人退出的风险主要表现为以下三种。

1. 合伙人按年限退出的税务风险如何避免

案例3-16　合伙人张三按年限退出时是否需要补交个人所得税174万元

某公司合伙制度中对按年限退出是这样约定的，如表3-38所示。

表3-38　按年限退出时的退出金额

年限	退出金额/元
<2年	入股本金×80%
2～<5年	入股本金×130%
5～<8年	入股本金×200%
≥8年	入股本金×250%

合伙人张三满4年时申请退出，经公司股东会决定，由大股东李四来接盘。张三原投入成本100万元，收到李四的转让款130万元。

张三应交个人所得税=(130-100)×20%=6(万元)。

这几年该公司快速发展，经测算张三退出时100万元对应的账面净资产已高达1000万元了，那么张三退出时应交个人所得税=(1000-100)×20%=180(万元)。

问题：这两者相差的174万元，是由公司还是张三缴纳？这时，大家要注意，按年限退出是公司内部的规定，而按账面净资产退出才是税务机关的要求。

2. 合伙人退出时，如果公司现金流不足，怎么办

合伙人退出时，可能会遇到公司净利润为负，或没有现金流的情况，此时合伙协议如何约定呢？

在实操中，有两种办法：

(1) 某企业规定，如果公司账上的现金流小于100万元，待合伙人办妥工商变更手续后，先行支付退股金的50%，剩余部分等公司现金流大于50万元时依约支付。

(2) 公司实际控制人或公司的第一大股东负有兜底义务，即代公司履行或授权普通合伙人(GP)履行本项义务。

请大家思考一下，如果公司的现金流不足以支付退出金额的50%，怎么办？

另外，如果老板也没有钱来兜底怎么办？

3. 合伙人退出时，公司已支付退出款，但合伙人拖延不办工商手续，怎么办

例如某公司的合伙协议是这样约定的：合伙人领到退出款项后，应于5个工作日内办理相关的工商退股手续。但该合伙人拿到钱以后，拖延办理工商手续。

所以在实操中，一般先办理退股手续，后拿钱，或分阶段拿钱，例如规定办理工商手续前公司支付50%退出款，手续完成后支付剩下的50%退出款。

合伙协议可以这样写明："合伙人退出时，自公司财务部签发退股通知书后的15日内，合伙人应配合公司及有限合伙企业办理相应的工商变更手续。逾期不办理的，则每延迟1天支付壹万元违约金。"

总之，退出的最高境界是"聚是一团火，散是满天星"。

案例3-17 退股协议书

本协议由以下双方于   年   月   日在_____签订：

甲方：

住址：

身份证号码：

乙方：

住所：

法定代表人：

为明确甲乙双方的权利义务，在平等、自愿的基础上，双方经过友好协商达成本协议，以资共同遵守：

1. 甲方因个人原因自愿将其在××公司全部股权(即乙方××%股权)退还。

2. 乙方同意接受甲方退股的全部股权，并同意以现金方式一次性付清全部退股金给甲方，退股金额人民币：××整(小写：××)。

3. 在甲方配合乙方办妥股权转让，返还出资证明书，且完成工商变更登记后，乙方于一周内以转账方式将其退股金额支付至甲方以下指定账户：

(姓名：××账号：××工资卡：××开户行：××支行)。

4. 甲方应保证对所退股股权拥有完全的处分权(没有设置任何抵押、质押或担保等，并免遭任何第三人的追索)，否则，由此引起的全部责任，由甲方承担。

5. 本协议签署后，甲方与乙方签署的《保密、知识产权保护和竞业禁止协议》或其他与保密、竞业相关的协议、条款将继续有效，甲方应继续遵守相关约定，否则，应承担相关违约责任，并赔偿由此给乙方造成的全部损失。

6. 自本协议签订之日起，甲方不再享有和履行乙方股东任何权益和义务，不得再请求分配利润或者其他经济报酬。同时，甲承诺积极配合乙方完成退股之所必需的相关手续及文件。

7. 在本协议履行过程中涉及的税费，若法律、法规及其他规范性文件对税费负担方有明确规定的，依其规定；没有规定的，由双方协商；协商不成，双方均担。

8. 关于本协议中的相关内容，除非根据法律、法规及其他规范性文件、政府法令、法院裁决等强制性要求而予以披露的，双方不得向任何第三方(因签署本协议而聘请的相关中介机构除外)予以披露、说明或作陈述。

9. 因本协议引起的或与本协议有关的争议，由双方协商解决，协商不成，任一方均有权将争议提交上海仲裁委员会提起仲裁，其仲裁为终局裁决，但如依法律另有强制性规定的除外。

10. 本协议一式三份，甲、乙双方各持一份，提交××市场监督管理局备案一份(根据需要)，各份具有相同之法律效力，自双方签字或者盖章后生效。

甲方(签字和手印)：　　　　　　　　乙方(签字或盖章)：

　年　　月　　日　　　　　　　　　年　　月　　日

第四节
如何做动态股权设计

《吕氏春秋·尽数》："流水不腐，户枢不蠹，动也。"意指常流的水不发臭，常转的门轴不遭虫蛀。

企业的发展不是一成不变的，企业在发展的过程当中需要不同的人做不同的贡献。

随着企业的发展，可能创始人的能力不一定适应企业的发展，或投资人的价值在慢慢减弱。凡事应在动态中寻求平衡。

所以，动态股权设计的本质是资金股与人力股之间的平衡。

一、投资本金收回前后的动态设计

案例3-18 **资金股占比由60%降为10%，是如何做到的**

张三是一家饭店的厨师长，擅长做湘菜，厨艺不错。现在张三打算出来单干了，但没多少积蓄，正在为钱发愁。张三的好朋友李四，家里拆迁分了2000多万元，正愁钱没地方花。

两人一拍即合，经估算饭店总投资为500万元。李四说这500万元全部由我来出，你张三负责经营，即张三出力不出资；李四出资不出力。他们的出资及占比情况如表3-39所示。

表3-39　股东股份比例

股东	出资/元	股份比例
张三	0	40%
李四	500万	60%

在如何分红问题上，李四认为不论饭店经营如何，他的分红比例保持60%不变；但张三认为开饭店初期资金价值大些，但后期人力贡献更多。

为此，两位股东争吵不休，谁也说服不了谁。

最后在笔者的参与下制定了动态持股方案。

1. 前提条件

(1) 分红按持股比例分配。

(2) 如果饭店经营正常，四年可以回本；如果效益更好，回报周期可能会更短。

2. 回本前

(1) 回本前是指李四投入的500万元本金还没有收回。

(2) 饭店的利润为0～500万元时：股东按照持股比例分红，即张三分40%，李四分60%。

假设一年可以挣200万元，李四分红所得=200×60%=120(万元)，也就意味着李四投资了500万元，一年可以挣120万，回报率24%，这也不低了。

3. 回本后

(1) 饭店的利润为500万元(含)～1000万元时，张三分50%，李四分50%；

(2) 饭店的利润为1000万元(含)～1500万元时，张三分60%，李四分40%；

(3) 饭店的利润为1500万元(含)～2000万元时，张三分75%，李四分25%；

(4) 饭店的利润为2000万元(含)以上时，张三分90%，李四分10%。此时李四的10%的持股比例不再做动态调整，类似大清时的"铁帽子王"，世袭罔替。

假设饭店赚了2500万元，则李四分红=2500×10%=250(万元)，李四不用对饭店操心就能拿这么多分红，李四对此方案挺满意的，方案顺利通过。具体规则如表3-40所示。

表3-40 回本前后股东持股比例

分配规则	净利润/元	张三持股比例	李四持股比例
回本前	0～ < 500万	40%	60%
回本后	500万～ < 1000万	50%	50%
	1000万～ < 1500万	60%	40%
	15000万～ < 2000万	75%	25%
	2000万～ < 2500万	90%	10%

当然实操中，对张三的分红可以再做二次分配，例如分配给团队30%的分红。

合伙的另一个要点是财务透明性及规范性。笔者给他们设计了一个日清日结制度，就是饭店每天进多少钱、出多少钱、钱放哪了，双方都能看到。

通过这个真实的案例，大家是否对动态股权设计有了一个新的认识呢？

笔者对本案例做一个小结：

(1) 将饭店注册为个体工商户，经营者或法定代表人为张三。请大家思考为何不选李四？

(2) 合伙的前提是共识及财务透明性。

(3) 设置人力股与资金股，让出大钱占小股成为趋势。

(4) 对收回本金前及收回本金后的分红比例进行动态设计。

二、人力股动态释放及分红动态设计

案例3-19　医学博士以发明专利投资，如何做动态股权设计

A公司是专业生产医疗器械的企业，在国内拥有较高的知名度。甲是医学博士，拥有内窥镜医疗器械的三项发明专利。

经A公司与甲友好协商，拟成立新公司B，注册资金为5000万元。在确定B公司的股权结构时，双方发生争执。甲博士认为他的专利技术至少值2000万元，要求持有B公司40%的股权。

但A公司不同意，认为知识产权占公司注册资本比例过高，会造成B公司经营资金短缺，而且该发明专利还须经过进一步研发、多次临床试验以及行政审批，才能进入市场，时间长，存在较多未知因素。

A公司作为投资方，前期已经投入了一些资金，而且后期的研发成本、人工成本、审批成本，投入的都是真金白银，一旦损失则无法弥补。

甲博士也不同意，认为自己的技术已经被低估了，而且其他投资人也在向他伸出"橄榄枝"。双方难以达成一致意见，筹建工作一度陷于停滞状态。

针对A公司提出的这些问题，笔者设计了如下的动态方案，并起草了投资协议，主要内容有四部分，如图3-16所示。

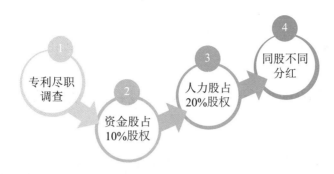

图3-16 投资协议的主要内容

1. 专利尽职调查

笔者委托律师对甲博士所拥有的专利进行了一系列尽职调查工作。

经过调查，核实了以下事实：发明专利已经公告授权、处于有效期，专利年费正常缴纳，无其他人对此专利提出无效的请求。

排除了该专利技术属职务发明的可能性，甲博士对该专利技术有处分权，在此之前无专利许可或质押等处分行为，专利权已经办理转移手续，且甲博士同意将相关技术转移给B公司，并签订《技术保密和竞业禁止协议》。

2. 资金股占10%股权

B公司设立之初，基础股权中专利价值预估不可过高，例如所占股权比例达到10%(价值500万元)，因为该专利距离投放市场还有较长时间，短期内产生不了经济效益。

3. 人力股占20%股权

在投资协议中约定预留"20%股权池"，对于甲博士所持有的技术，按照技术研发的阶段完成情况、研发效果、投入市场的效果，分为两个阶段分配股权，即设置里程碑事件，从股权池中予以动态分配，逐步提高人力股所占比例，直至甲博士占30%股权为止。

4. 同股不同分红

约定甲博士每一股对应1.8倍的分红权，即18%的分红权。经过动态设计，双方对此满意，B公司目前已完成工商注册，各项工作正有条不紊地推进。

笔者对本案例做一个小结：

(1) 期权未达到解锁或行权条件时就拿不到实股。

(2) 对于专利技术要进行评估，专利技术所占股权比例不要超过50%，否则公司流动资金不足。

(3) 对于老板来说，控制权要抓在手中，而分红权可以让渡。

三、总经理的虚拟合伙+60%资金股+40%人力股

案例3-20 某公司如何激励市政板块总经理

某公司(注册资金为1000万元)为了调动各业务板块总监(注：同时也是公司的股东)的工作积极性，尝试内部创业模式，采取事业部的核算方式，自主经营，自负盈亏，本着"分名分权分利"的合伙精神，把总监提拔为总经理，现对其进行短、中、长期激励，如图3-17所示。

岗位薪资	存量业务 (板块业绩奖)	增量业务 (自拓业务奖励)	股东分红
• 管理年薪 (与绩效对应)	• 所负责板块的业绩指标(提成比例为2%～5%) • 以公司到账金额为准	• 自拓板块业务提成(提成比例为20%) • 以公司到账金额为准	• 按持股比例进行分红 • 资金股：人力股=60%：40%

图3-17 总经理的短、中、长期激励

1. 岗位薪资

年薪24万元，即2.0万元/月，与总经理过程指标挂钩，这部分收入解决总经理的个人及家庭的日常开支。

2. 存量业务

存量业务指公司给事业部总经理的业务板块，例如市政业务板块，公司设定事业部目标底线为净利润500万元/年，对应提成比例为2.0%；超过部分，每增加50万元净利润，即增加0.5%提成比例，最多至5.0%，这部分收入与结果指标挂钩，如表3-41所示。

表3-41 存量业务分红

目标净利润/万元	提成比例/%
500	2.0
550	2.5

（续表）

目标净利润/万元	提成比例/%
600	3.0
650	3.5
700	4.0

假设总经理年底完成了600万元净利润，则收入=600×3.0%=18(万元)。

3. 增量业务

增量业务指事业部总经理基于自己的关系找来的业务。此时总经理提成比例应提高，达到20%，这部分收入与结果指标挂钩。

假设总经理当年自拓业务额为300万元，可获得收入=300×20%=60(万元)。

4. 股东分红

公司授予事业部总经理10%的实股。实股分为资金股与人力股两种类型，如图3-18所示。

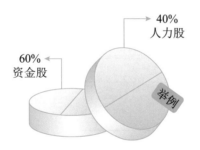

图3-18 资金股与人力股的比例

在图3-18中，资金股比例为60%，即公司股份的6%需要出资，每股1.0元，共计60万元。分两年出资完毕，两年后对于未出资部分按每年8%利率计算利息。

人力股比例为40%，即公司股份的4%可以免费获得，通过两个里程碑事件解锁(同时符合)，里程碑事件如表3-42所示。

表3-42 里程碑事件

里程碑事件1	事业部绩效达标	净利润达1000万元，完成主管以上人员的人才梯队建设
里程碑事件2	本人绩效达标	绩效考核成绩不得低于90分，且未出现严重违反公司规章制度的行为

里程碑事件的具体考核方法由股东会决定。

假设总经理人力股全部解锁后，当年公司可分配利润为500万元，则总经理分红=500×10%=50(万元)。

合计年税前总收入=24+18+60+50=152(万元)。

笔者对本案例做一个小结：

(1) 俗话说得好，擒"贼"先擒王，对总经理要激励到位，要通过机制让其站在老板角度考虑问题。

(2) "公司分配"业务提成比例要小些，"自己开拓"业务提成比例要大些。

(3) 持有资金股的股东要出资；对于人力股，可附条件免费"送"，但要讲究技巧。

案例3-21　总经理获得4.5%人力股分期解锁的协议

甲方：张三/董事长

身份证号码：＿＿＿＿＿＿＿＿＿＿＿＿

联系地址：＿＿＿＿＿＿＿＿＿＿＿＿＿＿

乙方：李四/总经理

身份证号码：＿＿＿＿＿＿＿＿＿＿＿＿

联系地址：＿＿＿＿＿＿＿＿＿＿＿＿＿＿

鉴于：

1. 甲方系××有限公司(以下简称"公司")的创始股东及法定代表人、董事长。公司注册资金为1000万元(截至2021年11月1日)，甲方持股比例为70%。

2. 甲方认为乙方高度认同公司的企业文化和价值观，且乙方在过往的工作中为公司的发展壮大做出了贡献，故甲方同意转让部分股权给乙方。

3. 乙方自愿受让甲方的股权，成为公司的自然人股东。

第一条　甲方向乙方转让9.0%的股份，其中4.5%的股份为甲方赠送，公司指定专人于2021年12月31日前办理工商注册手续。剩余4.5%的股份为人力股(总数为45.0万股)，根据乙方的业绩完成情况分2次解锁，每次解锁50%，转让价格均为1.0元/股。

1. 乙方自第1次解锁后，在15日内向甲方支付股权转让款22.5万元，汇入甲方指定的账户上，逾期则视同乙方放弃；第2次解锁时也这样操作。

2. 乙方的期股完全解锁后，未在规定时间内支付股权转让款的，甲方将以零元(0元)价格收回甲方免费赠送给乙方的4.5%股份，乙方应在收到甲方通知后的15日内配合办理工商变更手续。

3. 乙方的期股全部解锁后，公司将指定专人于15日内办理相应的工商变更手续。

第二条 甲乙双方承诺，将同比例稀释所持有的股份，以解决未来员工持股平台的股份来源问题。

第三条 甲乙双方同意，未来公司引进外部投资人时承诺放弃优先购买权。甲乙双方可以同比例减持一定数量的股份以改善生活，但须承担各自的个人所得税。

第四条 甲乙双方同意，如未来公司因发展需要资金(外部融资除外)时，应通过对公司增资、提供股东借款、提供抵押或担保等方式，协助公司取得经营所需资金。

第五条 甲乙双方同意，分红的基础是净利润为正。公司向股东的分红金额、时间、比例等由股东会决定，但是股东会经2/3持有表决权的股东同意可以不分红。如未来公司发生亏损，则甲乙双方承诺按持股比例进行分担，具体以公司章程为准。

第六条 乙方须完成公司下达的业绩指标，详见《年度目标责任书》。

第七条 乙方负有保守公司秘密及遵守相关竞业限制的义务，详见《保密、知识产权保护和竞业禁止协议》。

第八条 为保证公司决策高效，乙方负有在重大事项上(例如公司治理结构、外部投资人引进、对外投资并购、对外担保等)与甲方采取一致行动的义务，详见《股东一致行动协议》。

第九条 乙方触发公司相关规定时须全部退出或部分退出其持有的股权，详见《股东退出的规定》。乙方同意未来退出公司时，其所持有的股权只能转让给甲方或甲方指定的人。

1. 乙方在正常退出且自本协议签订满4年的情况下，甲方免费赠送给乙方的4.5%的股份，甲方将以玖拾万元(90万元)的价格回购，并一次性支付。

2. 乙方在非正常退出情况下，甲方免费赠送给乙方的4.5%的股份，甲方将以零元(0元)的价格回购。

第十条 乙方股权具有排他性的特点，不得由亲戚继承。

第十一条 甲乙双方因本协议出现的争议应当友好协商解决；协商不成的，应向甲方所在地有管辖权的人民法院提起诉讼。

第十二条 本协议自签订之日起生效。非经甲乙双方一致书面同意任一方不得随意终止与单方解除或对外转让任何权利义务。

第十三条 本协议一式三份，公司及甲乙双方各执一份，各份具有同等法律效力。

甲方：张三　　　　　　　　　　乙方：李四

(签字并按手印)：＿＿＿＿＿＿＿＿　(签字并按手印)：＿＿＿＿＿＿＿＿

案例3-22　总经理获得10%人力股分期成熟的协议

甲方：××有限公司(以下简称"公司")

法定代表人：＿＿＿＿＿＿＿＿＿＿＿＿

联系地址：＿＿＿＿＿＿＿＿＿＿＿＿＿

乙方：李四/总经理

身份证号码：＿＿＿＿＿＿＿＿＿＿＿

联系地址：＿＿＿＿＿＿＿＿＿＿＿＿＿

鉴于：

1. 乙方认同"共创、共担、共享"的合伙创业理念，认同"相对公平合理"的股权分配原则。

2. 乙方认同分配公司股权的依据，乙方持有的股权区分为资金股与人力股，是乙方的真实意思表示。

3. 乙方同意，在公司工商登记文件中(包括公司章程)，乙方持有的股权不区分为资金股与人力股。本协议约定的资金股与人力股以及对人力股的权利限制，构成对公司工商登记文件的补充规定。

4. 乙方同意，乙方取得的人力股是有权利限制的"限制性股权"：在退出事件(见下文定义)发生之前，如果乙方与公司的全职劳动关系中止或终止，公司或公司指定方有权按照本协议约定的价格购买合伙人持有的全部或部分人力股。

5. 乙方认为，前述安排是公平合理的，也是对整体股东利益的共同保护。

第一条 人力股权的成熟

1. 成熟安排

在乙方与公司维持全职劳动关系的前提下，乙方获得甲方/公司赠送的【10%】人力股按照以下进度在【4】年内(简称"成熟期")分期成熟：

(1) 自与公司签署劳动合同之日起满2年，50%的股权成熟；

(2) 自与公司签署劳动合同之日起满3年，75%的股权成熟；

(3) 自与公司签署劳动合同之日起满4年，100%的股权成熟。

2. 加速成熟

成熟期内，若公司发生退出事件，则在退出事件发生之日起，乙方所有未成熟人力股权均立即成熟，且乙方有权处分其全部或部分人力股权，并获取相应收益。

在本协议中，"退出事件"是指：

(1) 公司公开发行上市(不包括新三板挂牌)；

(2) 公司控制权变更(指公司发生任何并购，或与其他实体发生其他交易(包括但不限于重组、股权转让)，导致公司的原有股东的投票权之和低于交易后公司投票权总和50%的情形)；

(3) 公司实质上出售其全部或大部分资产；

(4) 公司被依法解散。

3. 未成熟人力股权的权利与义务

(1) 在根据本协议第二条的规定被回购前，乙方对其所持有的人力股权(包括未成熟人力股权)享有完整的分红权、表决权及其他相关权利。

(2) 无论人力股权是否成熟，乙方均应根据公司章程的规定缴纳出资。

(3) 乙方的人力股权如发生被回购事件的，视股权是否成熟而根据本协议第二条的规定适用不同的回购价格。

第二条 人力股权的回购

1. 因过错导致的回购

乙方出现下述任何过错行为之一的，公司或公司董事会指定方(简称"股权回购方")有权以人民币【1】元的价格(如法律就股权转让的最低价格另有强制性规定的，从其规定)回购乙方的全部人力股权(包括已经成熟的人力股权)，乙方特此无条件且不可撤销地同意该等回购。

回购完成后，乙方对被回购人力股权不再享有任何股东权利。该等过错行为包括：

(1) 严重违反公司的规章制度；

(2) 泄露公司商业秘密；

(3) 被依法追究刑事责任，给公司造成严重损失；

(4) 违反竞业禁止义务；

(5) 因其他过错导致公司遭受重大损失或重大不利影响的行为。

2. 中止或终止劳动关系导致的回购

乙方与公司中止或终止劳动关系的，包括但不限于劳动合同期满不再续约，乙方主动离职，乙方与公司协商中止劳动关系，或乙方因自身原因不能履行职务的，则至劳动关系中止或终止之日，除非公司董事会另行决定，则：

(1) 对于尚未成熟的人力股权，股权回购方有权以人民币【1】元的价格(如法律就股权转让的最低价格另有强制性规定的，从其规定)购买乙方未成熟的人力股权。自股权回购方支付购股价款之日起，乙方就被购买部分人力股权不再享有任何股东权利。

(2) 对于已经成熟的人力股权，股权回购方有权利但没义务购买全部或部分股权(简称"拟回购股权")，购买价格为以下之较高者：

(i) 拟回购人力股权对应的可参与分配公司净资产【3】倍的价格(计算公式：拟回购人力股权×公司净资产×3)；

(ii) 拟回购股权对应的公司最近一轮投后融资估值的【1/5】(计算公式：最近一轮投后融资估值×拟回购股权×1/5)。

自股权回购方支付完毕回购价款之日起，总经理即对已被回购的人力股权不再享有任何股东权利。

若因乙方发生本条第1款规定的过错行为而导致劳动关系终止的，则股权的回购适用本条第(一)款的规定。

3. 被回购人力股权的处理

依照本条第1款与第2款的规定被回购的人力股权进入公司激励股权池，则公司董事会决定该等股权的发放。

甲方：××有限公司　　　　　　　　　乙方：李四

(盖章及法定代表人签字)：＿＿＿＿＿＿＿　　(签字并按手印)：＿＿＿＿＿＿

第四章

合伙财税基础

——数字经营，业财融合

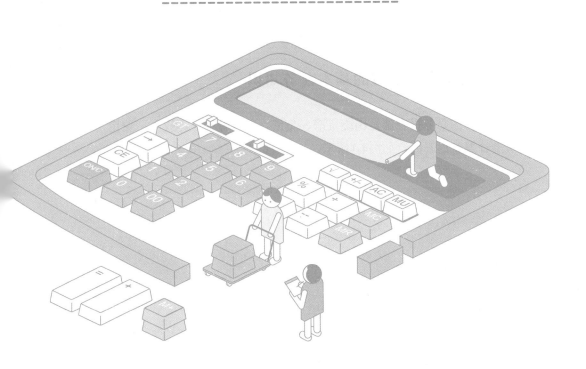

企业要做合伙激励计划，有两个重要前提：一是财务规范；二是具有完备的绩效管理制度。

第一个前提与合伙人的分红多少息息相关，第二个前提与合伙人的限制性股权的解锁或期权的行权有关。实操中，后者表现为利润、收入等定量指标及以价值观为核心的定性指标。

第一节
老板为何要懂财务

企业每月上交给税务机关的三张报表是基于国家管理需要而创建的，里面密密麻麻的数字，看着就让人头疼。而大部分老板是业务型的，不太擅长看财务报表。但只有老板看得懂财务报表，企业才能做到财务规范。这就要求老板要学习基本的财务认识。

一、老板需要学习的基本财务知识

所有的财务报表都是围绕资产、负债、所有者权益、收入、费用、利润这六大会计要素展开的，如图4-1所示。

图4-1　会计六大要素

其中资产=负债+所有者权益；利润=收入-费用。

为了便于大家理解，笔者设计了适合中小企业的财务演练环节，具体可以分为以下六步。

第一步，投资100万元成立新公司，如图4-2所示。

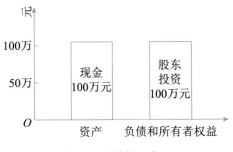

图4-2　演练第一步

公司收到股东出资款100万元，本着"有借必有贷，借贷必相等"的原则，会计分录如下：

借：银行存款　　　　　　　　　100万

　贷：实收资本　　　　　　　　　　100万

第二步，购入价值30万元的设备，用现金支付，如图4-3所示。

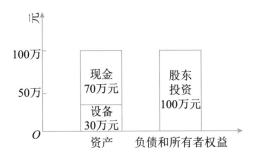

图4-3　演练第二步

公司用现金购买设备，资产总额不变，只是资产结构发生了变化，但股东投资款100万元保持不变，会计分录如下：

借：银行存款　　　　　　　　70万

　设备　　　　　　　　　　30万

　贷：实收资本　　　　　　　　　100万

第三步，从银行取得50万元贷款，如图4-4所示。

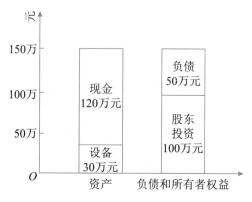

图4-4 演练第三步

公司获得银行贷款50万元，属于负债，同时增加了现金50万元，此时公司总资产增加至150万元，会计分录如下：

借：银行存款   120万

  设备   30万

  贷：实收资本   100万

   短期借款   50万

第四步，购买30万元存货，如图4-5所示。

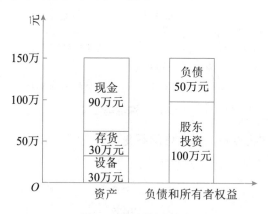

图4-5 演练第四步

此时公司现金减少30万元，存货增加30万元，但负债及所有者权益保持不变，会计分录如下：

借：银行存款   90万

  设备   30万

  存货   30万

贷：实收资本　　　　　　　　　100万

　　短期借款　　　　　　　　　50万

第五步，卖掉20万元存货，收到客户付款30万元现金，如图4-6所示。

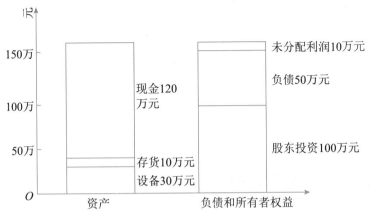

图4-6　演练第五步

卖掉存货，公司收到现金30万元，并产生利润10万元，会计分录如下：

借：银行存款　　　　　　　　120万

　　设备　　　　　　　　　　30万

　　存货　　　　　　　　　　10万

贷：实收资本　　　　　　　　　100万

　　短期借款　　　　　　　　　50万

　　未分配利润　　　　　　　　10万

第六步，收到客户预付货款10万元现金，如图4-7所示。

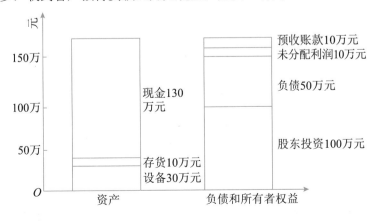

图4-7　演练第六步

公司预收款10万元，相当于收到别人的钱，欠别人的货，因此形成了负债，会计分录如下：

借：银行存款　　　　　　　130万

　　设备　　　　　　　　　30万

　　存货　　　　　　　　　10万

　　贷：实收资本　　　　　　　　100万

　　　　短期借款　　　　　　　　50万

　　　　未分配利润　　　　　　　10万

　　　　预收账款　　　　　　　　10万

二、老板的"财务驾驶舱"

常言说得好，没有数字的管理叫道理。对于老板来说，报表要简单易懂，建议老板掌握实用的10个财务数字，即笔者构建了"财务驾驶舱"的概念，如图4-8所示。

图4-8　老板的"财务驾驶舱"

(一)现金：公司账上还有多少钱

老板要树立"现金为王"和"利润≠现金"的观念。利润出问题会导致企业慢慢死亡，而现金出问题会导致企业立即死亡。

一般来说，公司的现金来源主要有三部分：一是经营活动产生的，例如公司卖出产品或提供服务；二是对外投资分红收到的；三是融资产生的，例如公司向金融机构借款。

因此，老板要测算来年的现金是否够用，是否存在"现金缺口"，再据此提前做现金储备，以规避现金流断裂事件的发生。

案例4-1 某制造企业营运资金周转次数及现金缺口是怎么计算出来的

某公司系高端制造行业的高新技术企业，2021年销售收入为6705万元，销售成本为4105万元，这几年公司的存货积压越来越多，客户要求公司给予更多的赊销政策。

为避免资金链断裂，老板张三让财务经理李四根据应收账款、存货等指标来预测公司来年的现金缺口。相关数据如表4-1、表4-2所示。

表4-1 2021年公司流动资产周转率分析

万元

年初存货账款	年末存货账款	年初应付账款	年末应付账款	年初预付账款	年末预付账款	年初应收账款	年末应收账款	年初预收账款	年末预收账款	年销售成本	年销售收入
820	1063	505	304	0	0	0	245	56	136	4105	6705

表4-2 2022年公司现金缺口测算

上年度利润总额/万元	上年度销售利润率	预测销售收入增长率	预测销售收入/万元	营运资金周转次数/次	流动资金需求量/万元	公司自有流动资金/万元	公司现有银行短贷/万元	其他渠道的营运资金/万元
2600	38.8%	30%	8716.50	7.42	718.94	278.00	188.00	120.00

1. 2021年营运资金情况分析

营运资金周转天数=应收账款周转天数+存货周转天数+预付账款周转天数−应付账款周转天数−预收账款周转天数

应收账款周转天数=360÷{销售收入÷[(年初应收账款+年末应收账款)÷2]}=360÷{6705÷[(0+245)÷2]}≈6.58(天)

存货账款周转天数=360÷{销售成本÷[(年初存货+年末存货)÷2]}=360÷{4105÷[(820+1063)÷2]}≈82.57(天)

预付账款周转天数=0(天)

应付账款周转天数=360÷{销售成本÷[(年初应付账款+年末应付账

款)÷2]}=360/{4105÷[(505+304)÷2]}≈35.47(天)

预收账款周转天数=360÷{销售收入÷[(年初预收账款+年末预收账款)÷2]}=360/{6705÷[(56+136)÷2]}≈5.15(天)

所以，营运资金周转天数=6.58+82.57+0-35.47-5.15=48.53(天)。

营运资金周转次数=360÷48.53≈7.42(次)。

2.2022年现金缺口测算

现金缺口=公司自有流动资金+公司现有银行短贷+其他渠道的营运资金-流动资金需求量

已知，公司自有流动资金为278万元，公司现有银行短贷为188万元，其他渠道的营运资金为=120万元，流动资金需求量=上年度销售收入×{(1-销售净利率)×(1+本年销售收入增长率)/营运资金周转次数}=6705×{(1-38.8%)×(1+30%)/7.42}≈718.94(万元)。

所以，现金缺口=278+188+120-718.94=-132.94(万元)。

(二)收入：公司主营业务收入、赊销政策、回款情况如何

收入分为主营业务收入、其他业务收入及营业外收入三种类型，如表4-3所示。

表4-3　收入的类型及区别

业务类型	区别
主营业务收入	与企业的生产经营相关，且经常性发生，即主要业务的收入
其他业务收入	与企业的生产经营相关，不经常发生
营业外收入	与企业生产经营无关，且偶然性极大

为何要区分三者的关系呢？这与企业的考核相关。

例如，某企业规定：总经理完成3000万元收入为达标，其对应的5%的限制性股权就解锁了。但是总经理实现主营业务收入2800万元，收到政府的补助300万元，合计完成收入3100万元。此时董事长与总经理在收入确定上发生了争吵，总经理认为当初目标责任书上没有注明收入的核算标准，但董事长认为应以主营业务收入为准。

因此笔者建议，目标责任书应以"主营业务收入"为收入确定的标准，避免产生不必要的纠纷。

（三）毛利率：公司竞争水平及盈利能力有多高

毛利率是企业核心竞争力的财务反映，一定程度上反映企业财务的真实性和合规性。所以，在IPO审核时企业毛利率异常会被证监会重点关注。

毛利率及毛利额的计算公式为

毛利率=毛利额/营业收入×100%

毛利额=营业收入-营业成本

案例4-2 含税成本100元，售价115元，毛利率是多少

已知某商品含税进价为100元，厂商折扣为5%，运输费用为5元，增值税率为13%，含税售价为115元。请问该商品的毛利率是多少？

(1) 不含税进价=含税进价/(1+增值税)=100/(1+13%)≈88.5(元)。

(2) 扣除折扣，加运输费后，不含税进价=88.5-88.5×5%+5≈89.08(元)。

(3) 不含税售价=含税售价/(1+增值税)=115 / (1+13%)≈101.77(元)。

(4) 毛利率=(不含税售价-不含税进价)/不含税售价=(101.77-89.08)/101.77≈12.47%。

除非经济环境发生重大改变，毛利率一般比较稳定，不会有大的波动。

毛利率过高的企业存在调节毛利粉饰利润或通过关联交易输送利润的嫌疑；毛利率过低，则意味着企业缺少竞争力、持续盈利能力不强；而毛利率的异常波动，表示企业的经营不稳定。

所以，判断一家公司的财务报表有没有异常，分析其毛利率的真实性非常重要。

（四）净利润：公司赚了多少钱

净利润是一个企业经营的最终成果，净利润多，企业的经营效益就好；净利润少，企业的经营效益就差。净利润是衡量一个企业经营效益的主要指标。净利润的计算公式为

净利润=利润总额×(1-所得税率)

大家还要关注一个指标，即净利润含金量。净利润含金量反映了企业当期净利润中现金收益的保障程度，真实反映了企业的盈余质量。净利润含金量的计算公式为

净利润含金量=企业的经营现金净流量/净利润

具体来讲，净利润含金量表明根据报表计算出的净利润究竟能不能转化为现金，如果净利润含金量大于1，表示净利润含金量较高，净利润完全体现为现金流入；如果净利润含金量低于1，或者为负值，证明企业资金链紧张，没有经营活动现金流入或流入量较少，净利润质量较差。

(五) 存货：公司仓库存货值多少钱

大家知道，存货根据其不同状态，分为原材料、在产品、产成品等。会计准则规定，企业应当至少于每年年末对存货进行一次减值测试，当存货的可变现净值低于成本时，则表明存货已经发生减值。

计提资产减值损失时，借记"资产减值损失"，贷记"原材料/库存商品减值准备"。

如果后续减值迹象消失，计提的减值准备可以相应地转回，当然，转回的金额不可能超过原计提的减值准备。

存货有别于固定资产等长期资产，其计提的减值准备可以转回，是因为存货的市场价值存在随行就市的情况，而市场价值上升可能导致原来计提减值的情况灭失，那么，计提的减值准备自然应当转回。

(六) 应收账款：别人欠公司多少钱

应收账款史称"最单相思"的会计科目，因为货发出去了，但钱什么时候收回取决于客户。为了解决应收账款早日回收的问题，对销售人员要考核"回款"指标。

(七) 应付账款：公司欠别人多少钱

应付账款是指企业因购买材料、商品或接受劳务供应等经营活动应支付的款项。一般对采购部门考核应付账款的收取，例如让采购部门集中付款，在合理的时间内占用上游的资金。

(八) 借款: 公司欠银行多少钱

借款分为短期和长期，借款时间为1年以内的称为短期借款；借款时间为1年以上的，称为长期借款。

(九) 净资产: 股权转让税务成本及股东权益是多少

净资产主要是由"未分配利润"形成的，在公司启动员工股权激励计划时，应通过某种方式把净资产降下来，给员工的每股价格就便宜了。净资产的计算公式为

净资产=所有者权益=总资产-总负债

(十) 工资总额: 人工成本是多少

工资总额是企业的主要支出，尤其在高科技企业。老板要关注人工成本构成、人均工资两个指标。其中，人工成本构成指固定工资与浮动工资的比例。一般来说，固定工资比例不宜过高，否则容易养"懒人"。而人均工资的计算公式为

人均工资=工资总额/员工人数

人均工资是企业竞争力的重要指标，实操中可以通过裁员方式来提高人均工资的水平。

三、与股权相关的会计科目

如果公司名下有房产、设备等固定资产，还有土地、采矿权、商标、专利等无形资产，如何做股权激励？

合伙人要求退出时对剩余财产具有索取权，该怎么办？

员工入股及退股涉及的会计科目有哪些？税务机关关注的涉及股权转让的会计科目有哪些？

员工入股时，公司的未分配利润太高了，导致股权转让时价格偏高，该怎么办？

针对以上问题，我们要从税务机关的角度来审视方案的合法及合规性，做好纳税筹划。

笔者概括了与合伙激励相关的8个会计科目，如图4-9所示。

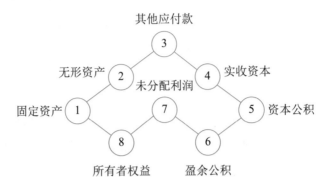

图4-9　与合伙激励相关的8个会计科目

笔者重点介绍固定资产、无形资产及其他应付款三个会计科目。

(一) 固定资产

如果在重资产公司(一般指老板资金投入过多，或公司持有较多的土地、矿产资源等)做实股激励，未来员工离职时，可能向公司要求对房产具有索取权。

因此，启动实股激励前，要把与老板个人相关的资产进行剥离，因为房产是老板以前奋斗而获得的财富，与员工以后的努力无关，而增量的所有者权益或净资产才是员工创造的。

案例4-3　股权激励前把公司房产转老板个人持有，只交13.5万元的税

2016年8月，某公司购入原值约为1362万元的房产。截至2021年12月31日，共计提折旧约354万元(注：按20年折旧计算)，如表4-4所示。

表4-4　固定资产折旧表

资产	余额/元
固定资产原价	13 623 838.61
减：累计折旧	3 539 521.43
固定资产账面价值	10 084 317.18

因员工股权激励之考虑，把房产从公司剥离，经讨论有两种办法，一是把房

产转让给老板个人，二是把公司做分立处理。

笔者重点说下第一种方案，假如房产估价为1500万元，发生合理费用38万元，公司至少交4种税。

1. 增值税

增值税=(公允价-购入价)/(1+9%)×9%=(1500-1362)/(1+9%)×9%≈11.39(万元)(注：2016年后购入的房产按9%的税率计征增值税，之前按5%简易征收)。

增值税附加税=11.39×12%=1.3668(万元)。

2. 土地增值税

土地增值税=(公允价-购入价-交易费用)×土地增值税税率，土地增值税税率如表4-5所示。

表4-5 土地增值税五级税率表

增值率X	税率
$X<20\%$	0
$20\%\leqslant X<50\%$	30%
$50\%\leqslant X<100\%$	40%
$100\%\leqslant X<200\%$	50%
$X\geqslant200\%$	60%

增值率=(1500-1362)/(1362+38)≈9.86%，增值率小于20%，因此公司不交土地增值税。

3. 企业所得税

截至2021年12月，公司已计提账面累计折旧约354万元，固定资产清理所得491.6万元(1500-1008.4)。假设公司当年度营业利润为-200万元，以前年度累计亏损-300万元，则公司净利润=-200+491.6-300=-8.4万元，不需缴纳企业所得税。因此在实操中，把公司房产转让给老板个人要把握好时机，这个时机就是公司发生亏损，否则公司就会多交企业所得税。

4. 印花税

印花税=1500万×0.0005=7500(元)。

因此，公司合计交税(注：企业所得税除外)=11.39+1.3668+0.75=13.5068(万元)。

(二) 无形资产

无形资产是指企业拥有或者控制的没有实物形态的可辨认的非货币性资产，主要包括专利权、非专利技术、商标权、著作权、特许权等。

1. 无形资产的会计分录

借：无形资产

　　贷：实收资本

　　　　资本公积——其他资本公积

2. 无形资产的确权(同时满足)

(1) 已对无形资产做了评估；

(2) 无形资产权属人已变更到被投资企业名下；

(3) 工商实缴变更；

(4) 出具验资报告。

以无形资产入股可以抵扣企业所得税。例如，A公司每年要交100万元的企业所得税，此时股东张三以一项经评估的价值500万元的发明专利(注：分10年摊销)对A公司进行增资。这样，A公司每年增加管理费用50万元，会计分录为

借：管理费用　　　　　50万元

　　贷：累计摊销　　　　　50万元

所以，抵扣A公司企业所得税金额=50×25%=12.5(万元)。

(三) 其他应付款

其他应付款是指企业除应付账款、应付票据、预收账款、应付职工薪酬、应交税费、应付利息、应付股利等经营活动以外的其他各项应付、暂收的款项，比如应付老板借给公司的钱、应付保证金等。

一般来说，税务机关对公司或个人股权转让进行审核过程中，会重点关注此会计科目。

案例4-4 股权转让前为何要把其他应付款处理清楚

2016年，丙公司的老板看中了一块50亩的土地，该土地市场价格为2000万元。当时丙公司账上只有700万元，而该老板本人很有钱，就把1500万元借给公

司，凑足了2000万元购买了这块土地。

因为高新开发区的建设，当时40万元/亩的土地升值到100万元/亩了。

4年过去了，这1500万元长期挂在"其他应付款"科目上，而目前丙公司账上只有区区20万元了，丙公司实在没有资金来支付欠老板的钱了。丙公司注册资金为1000万元，已全部实缴到位。

此时老板要把丙公司卖掉，当地税务机关认为丙公司可能存在资金账外循环的问题，也就是常说的"穷庙富方丈"现象。

所以在股权转让前，最好对其他应付款进行合理处理。笔者下面介绍两种可行的办法。

1. 增资还款

笔者问该老板现在手中还有多少钱？他说还有500万元。于是笔者通过两步把其他应付款科目金额降为0。

第一步，增资：使丙公司注册资金由1000万元增加到1500万元。

第二步，还款：丙公司再把500万元还给该老板，这样一来就把其他应付款中的1500万元降低到了1000万元了。然后，重复操作两次就可以了。

也许有人要问，能否把其他应付款1500万元直接转为注册资金或实收资本？这样做只是把会计科目调整一下，就解决了问题，为什么要增资还款，整得这么麻烦？

笔者不建议该老板这么做，原因有两个：一是实收资本要以银行的打款记录为依据，如果这么操作，是没有资金链做支撑的；二是这样操作本质上属于债转股，而现在每股对应的净资产可能发生了增值，老板是要交个人所得税的。

2. 存单质押贷款

操作的步骤如下。

(1) 老板把500万元存入银行，取得一张银行存单。

(2) 老板以存单作为质押，以丙公司名义向银行申请贷款，银行一般给予80%～90%的贷款，也就是丙公司可以借款400万元～450万元。

(3) 丙公司还钱给老板个人。

这样做的好处有两个：一是在个人存单下，老板个人可以收银行利息而不交个人所得税；二是公司向银行借款，公司付利息，产生费用，最终在企业所得税税前列支，可以节税。

第二节
老板如何合法变现

笔者在与老板们交往过程中，感觉到创业的不易。例如，有些老板一方面看着账面上有大量的未分配利润，就是不敢分配，一方面是因为自然人减持股份获得现金时要交20%的个人所得税；另一方面是因为公司缺钱，每年要把家里房子向银行进行抵押贷款，让其配偶没有安全感。

因此，笔者针对这些情形，提出让老板变现的三种可行的办法，如图4-10所示。

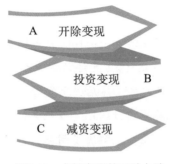

图4-10 老板变现的三种办法

一、开除变现

案例4-5 在即将注销的公司，老板如何通过开除自己得到约21.5万元

杭州甲公司打算于2020年5月注销，经过3个月的会计科目调整后，最后甲公司账上还有25.3万元应付账款，现金23.7万元，如表4-6所示。

表4-6 甲公司的资产负债简表

编制单位：甲公司			编制时间：2019年6月30日		
资产	行次	金额	负债及所有者权益	行次	金额
流动资产：			流动负债：		
货币资金	1	237 000.00	短期借款	68	—
短期投资	2	—	应付账款	69	253 000.00
应收票据	3	—	应付票据	70	
应收股利	4	—	预收账款	71	
应收利息	5	—	应付工资	72	
应收账款	6	—	应付福利费	73	
其他应收款	7	—	长期应付款	74	
预付账款	8	—	应交税费	75	1670.00
应收补贴款	9	—	其他应交款	76	
存货	10	—	其他应付款	77	
待摊费用	11	—	预提费用	78	

关于应付账款，甲公司确定对方企业在4年前就已在市场监督管理部门注销了，即甲公司的钱付不出去了。

根据税务规定，应付未付3年以上的应付账款，应确认为"收入"。

实操中，公司注销前应转销无法支付的应付账款，即将应付账款转入营业外收入，会计做账如下：

借：应付账款

贷：营业外收入

天底下有这样的好事？欠别人的钱可以不用还？

老板张三为此沾沾自喜，但笔者说别高兴太早了，按照会计准则的规定，要调增企业所得税，应交企业所得税=25.3×25%=6.325(万元)。

张三问笔者是否可以合法节税？

财税〔2018〕164号文件是这样规定的：

(一) 个人与用人单位解除劳动关系取得一次性补偿收入(包括用人单位发放的经济补偿金、生活补助费和其他补助费)，在当地上年职工平均工资3倍数额以内的部分，免征个人所得税；超过3倍数额的部分，不并入当年综合所得，单独适用综合所得税率表，计算纳税。

(二) 个人办理提前退休手续而取得的一次性补贴收入，应按照办理提前退休手续至法定离退休年龄之间实际年度数平均分摊，确定适用税率和速算扣除数，

单独适用综合所得税率表，计算纳税。计算公式为

应纳税额={[(一次性补贴收入÷办理提前退休手续至法定退休年龄的实际年度数)-费用扣除标准]×适用税率-速算扣除数}×办理提前退休手续至法定退休年龄的实际年度数

有了政策的依据张三便放心与甲公司解除劳动关系。之后，张三问："把我开除，我获得免个人所得税的待遇，而这与6.325万元企业所得税有什么关系呢？"这个问题问得挺有水平的，且听笔者慢慢道来。

第一步，确定张三月工资。

笔者得知张三每个月发2万元工资，年薪36万元。

第二步，确定2019年浙江省社会平均工资。

经查询得知2019年浙江省社会平均工资为71 523元，如图4-11所示。

各市人力资源和社会保障局，各行业统筹单位，省级各单位，中央部属在杭有关单位：

根据浙江省统计局《2019年浙江省全社会单位就业人员年平均工资统计公报》（〔2020〕4号），确认2019年浙江省全社会单位就业人员年平均工资为71523元。

浙江省人力资源和社会保障厅

2020年7月6日

图4-11　2019年浙江省社会平均工资

第三步，计算经济补偿金上限。

开除老板张三的免个人所得税额度=71 523×3=214 569(元)，即老板开除自己，获得经济补偿金约21.5万元，且免个人所得税。

因此，甲公司可以正大光明、合法安全地从对公账户向张三支付约21.5万元。

思考1：甲公司能否支付给张三36万元(即年薪)作为经济补偿金呢？

思考2：甲公司这笔支出能否在甲公司税前列支呢？

《国家税务总局关于企业支付给职工的一次性补偿金在企业所得税税前扣除问题的批复》(国税函〔2001〕918号)规定：企业支付给解除劳动合同职工的一次性补偿支出(包括买断工龄支出)等，属于《企业所得税税前扣除办法》(国税发〔2000〕84号)第二条规定的"与取得应纳税收入有关的所有必要和正常的支出"，原则上可以在企业所得税前扣除。

回答：这21.5万元，可以税前抵扣，进入甲公司的费用类会计科目。

此时，甲公司税前利润=25.3-21.5=3.8(万元)。2020年6月汇算清缴时，甲公司应交企业所得税=3.8×25%=0.95(万元)。

原来要交6.325万元的税，现在仅交0.95万元的税，张三感到挺满意的。

思考3：如何证明老板是公司的员工？

证明老板在公司任职，要有证据，实操中须满足4个要件，如图4-12所示。

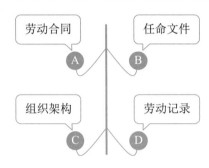

图4-12 老板在公司任职的4个要件

(1) 劳动合同和任命文件。

方法：签订劳动合同及起草任命文件，公司的人力资源职员即可办理。

(2) 确定在组织架构中的职位。

方法：老板张三为董事长兼总经理，位于组织架构的顶端，重新打印一张甲公司的组织架构图，贴在张三的办公室。

(3) 做好劳动记录。

方法：买一个打卡机，指纹式的，给老板个人打卡使用，给员工用人脸识别的那种打卡机。

思考4：为何老板与员工的打卡工具不同？

回答：证据留痕，滴水不漏，合法合规。

二、投资变现

案例4-6 **创始人张三如何通过个人独资企业出售股权并获得1000万元现金**

杭州公司注册资金、净资产均为1000万元，有3个股东，分别是创始人张三，持有51%股份；A公司，持有44%股份；个人独资企业B，持有5%股份，如

图4-13所示。并且，个人独资企业B在税收洼地申请核定征收政策，应纳税所得率为10%，故张三所持有的个人独资企业B的股份的主要作用在于，未来引进外部投资人时，可以通过出售这部分股份进行变现。

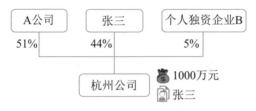

图4-13　杭州公司股权架构

有一个外部投资机构C，打算给杭州公司投资2000万元，占10%股份，公司投后估值为2亿元。

创始人张三在与外部投资机构C谈判时，提到了个人独资企业B，说杭州公司成立两年时，公司缺少流动资金，他的一个朋友投资了50万元，杭州公司当时注册资金是1000万元，所以占5%股份。这位朋友不参与公司的具体经营与管理，但有一个条件，即如果杭州公司未来引进1000万元以上的融资，他希望退出全部股份。

投资机构C查看了当时的协议，相信张三所说的话，于是同意：

第一，通过股权转让收购个人独资企业B的全部5%股份，如图4-14所示，让张三的朋友收到1000万元的转让款后退出A公司，其实是老板张三变现退出。

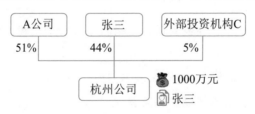

图4-14　个人独资企业B退出后的股权架构

第二，外部投资机构C以增资扩股方式进入杭州公司，持有5%股份，剩余的1000万元进入杭州公司对公账户，此时股权架构如图4-15所示。

图4-15　扩股后的杭州公司股权架构

这里有一个细节需要大家关注一下，对外部投资机构C增资5%，即所有的股东同比例稀释，但外部投资机构持股比例为9.75%，比10%少了0.25%。

此时张三将个人的0.25%股份转让给外部投资机构C，最终张三股权比例为41.55%，如表4-7所示。

表4-7　各股东持股比例

股东	增资后比例	最终比例
A公司	48.45%(51%×95%)	48.45%
张三	41.8%(44%×95%)	41.55%
外部投资机构C	9.75%(5%×95%+5%)	10%
合计	100%	100%

张三应交个人所得税=0.25%×(1000-1000×41.8%)×20%=0.291(万元)。

我们再来计算一下(参看表1-1中的税率)，张三控制的个人独资企业应交个人所得税=1000×10%×35%-6.55=28.45(万元)，实际到手金额=1000-28.45=971.55(万元)。

思考：

(1) 个人独资企业的经营者或法定代表人是谁，能否用老板的名字，或杭州公司员工的名字？

(2) 个人独资企业应该在什么时候成立？在投资人进入前能否突击入股？

(3) 个人独资企业收到这么多钱，是否会被调整为一般纳税人呢？什么时候注销个人独资企业合适呢？

但是，2021年12月31日，财政部、税务总局发布《关于权益性投资经营所得个人所得税征收管理的公告》(财税〔2021〕41号)，规定："一、持有股权、股票、合伙企业财产份额等权益性投资的个人独资企业、合伙企业(以下简称独资合伙企业)，一律适用查账征收方式计征个人所得税。二、独资合伙企业应自持有上述权益性投资之日起30日内，主动向税务机关报送持有权益性投资的情况；公告实施前独资合伙企业已持有权益性投资的，应当在2022年1月30日前向税务机关报送持有权益性投资的情况。税务机关接到核定征收独资合伙企业报送持有权益性投资情况的，调整其征收方式为查账征收。"这样的话，老板通过个人独资企业减持股份变现的路子被彻底堵死了。

三、减资变现

案例4-7 老板张三如何通过减资行为获得160万元现金

因受疫情影响，2021年西湖公司(股权架构如图4-16所示)收入同比下降超过60%，经西湖公司股东会讨论，全体股东同意减资40%。

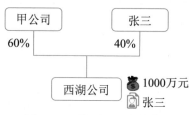

图4-16 西湖公司股权架构

西湖公司的资产负债简表如表4-8所示。

表4-8 西湖公司资产负债简表

项目	金额/万元
实收资本	1000
资本公积	0
盈余公积	180
未分配利润	320
所有者权益	1500

减资操作中，西湖公司向甲公司支付240万元，向老板张三支付160万元。西湖公司用货币资金支付减资款。

问题：老板张三收到减资的160万元，是否应交个人所得税？

1. 减资的税务规定

国家税务总局公告2011年第41号《关于个人终止投资经营收回款项征收个人所得税问题的公告》规定："个人因各种原因终止投资、联营、经营合作等行为，从被投资企业或合作项目、被投资企业的其他投资者以及合作项目的经营合作人取得股权转让收入、违约金、补偿金、赔偿金及以其他名目收回的款项等，均属于个人所得税应税收入，应按照'财产转让所得'项目适用的规定计算缴纳个人所得税。应纳税所得额的计算公式如下：

应纳税所得额=个人取得的股权转让收入、违约金、补偿金、赔偿金及以其他名目收回款项合计数−原实际出资额(投入额)及相关税费。"

案例中，投资成本收回为$1000×40\%×40\%=160$(万元)。

应纳税所得额=160−160=0，应纳个人所得税=0。

西湖公司经过减资后的资产负债简表如表4-9所示。

表4-9　西湖公司简易资产负债简表(减资400万元后)

项目	金额/万元
实收资本	600
资本公积	0
盈余公积	180
未分配利润	320
所有者权益	1100

2.减资的法律手续

减资的实质就是部分或者全部股东，依法减少在被投资企业所投入的注册(实收)资本。

有限公司减少注册资本，必须经过代表2/3以上有表决权的股东同意。《公司法》的相关规定主要有以下两条。

(1)《公司法》第177条规定："公司需要减少注册资本时，必须编制资产负债表及财产清单。公司应当自做出减少注册资本决议之日起10日内通知债权人，并于30日内在报纸上公告。债权人自接到通知书之日起30日内，未接到通知书的自公告之日起45日内，有权要求公司清偿债务或者提供相应的担保。"

(2)《公司法》第179条规定："公司增加或减少注册资本，应当依法向公司登记机关办理变更登记。"

3.减资的账务处理

(1)被投资企业如果资金过剩，将多余的资本返还给股东时的账务处理方法：

借：实收资本　　　　　　　　400万

　　贷：银行存款　　　　　　400万

(2)股东收回投资金额超过注册资本情况下的账务处理方法。如果案例4-7中两股东合计减资1200万元，则支付金额超过实收资本的部分，要依次冲减资本公积(资本溢价)、盈余公积和未分配利润(注：国家税务总局公告〔2011〕年第34号的规定)。

> 借：实收资本　　　　　　　1000万
> 　　资本公积　　　　　　　　0万
> 　　盈余公积　　　　　　　　72万
> 　　未分配利润　　　　　　　128万
> 　　贷：银行存款　　　　　　　　1200万

西湖公司经过减资后的资产负债简表如表4-10所示。

表4-10　西湖公司简易资产负债简表(减资1200万元后)

项目	金额/万元
实收资本	0
资本公积	0
盈余公积	108
未分配利润	192
所有者权益	300

因此，减资是股东合法变现的一种常用方法，希望大家能掌握其思路。

第三节
老板如何合理节税

一般来说，老板在三种情形下需要交纳个人所得税：一是股东分红，适用20%的税率；二是股权转让，适用20%的税率；三是工资发放，包括年终奖，适用3%～45%的税率。

其中，对于第一种情形，税务筹划的空间不大，主要聚焦于股东收到分红后是否享受个人所得税的财政返还的优惠政策。本书重点介绍对后两种情形的税务筹划。

一、股权转让的4种节税方案

案例4-8 A公司转让股权，如何节税181.25万元

杭州公司由A公司和B公司构成，持股比例分别为30%和70%，如图4-17所示。杭州公司的注册资金为1000万元，企业所得税税率为25%。

图4-17 杭州公司的股权架构

另外，杭州公司的资产负债简表如表4-11所示。

表4-11 杭州公司简易资产负债简表(原始)

项目	金额/万元
实收资本	1000
资本公积	0
盈余公积	500
未分配利润	700
所有者权益	2200

现在A公司将其所持有的杭州公司的全部股份(30%)以1150万元卖给B公司。请问，A公司应交多少企业所得税？有几种节税的办法？

【方案1】直接转让

A公司应纳税所得额=1150-1000×30%=850(万元)；

A公司应交企业所得税=850×25%=212.5(万元)。

【方案2】先分红，再转让

A公司分红所得=700×30%=210(万元)(注：免税)。A公司股权转让款=1150-210=940(万元)，此时杭州公司的资产负债简表如表4-12所示。

表4-12 杭州公司简易资产负债简表(先分红再转让后)

项目	金额/万元
实收资本	1000
资本公积	0
盈余公积	500
未分配利润	0
所有者权益	1500

A公司应纳税所得额=940-300=640(万元);

A公司应交企业所得税=640×25%=160(万元)。

这样交税的依据是《企业所得税法》第26条"符合条件的居民企业之间的股息、红利等权益性投资收益"为企业的免税收入。

【方案3】先分红,盈余公积转增资本,再转让

A公司分红所得=700×30%=210(万元)(注:免税)。此时A公司股权转让款=1150-210=940(万元)。

杭州公司把盈余/法定公积金转增实收资本=250×30%=75(万元)。

A公司最终投资成本=1000×30%+75=375(万元)。此时杭州公司的资产负债简表如表4-13所示。

表4-13 杭州公司简易资产负债简表(先分红再转增资本后)

项目	金额/万元
实收资本	1250
资本公积	0
盈余公积	250
未分配利润	0
所有者权益	1500

A公司应纳税所得额=940-375=565(万元);

A公司应交企业所得税=565×25%=141.25(万元)。

这样交税的依据主要是以下两条政策。

(1)《公司法》第166条:"公司分配当年税后利润时,应当提取利润的10%列入公司法定公积金。公司法定公积金累计额为公司注册资本的50%以上的,可以不再提取。"

(2)《公司法》第168条:"公司的公积金用于弥补公司的亏损、扩大公司生

产经营或者转为增加公司资本。但是，资本公积金不得用于弥补公司的亏损。法定公积金转为资本时，所留存的该项公积金不得少于转增前公司注册资本的25%。"

【方案4】过桥

A公司找到过桥C公司(最近一年亏损700万元)，杭州公司先分红，盈余公积转增资本，操作步骤同上述方案3，此时A公司将其持有的杭州公司30%的股权以500万元转让给C公司。

因C公司亏损，账面上暂时没有现金支付，故挂往来账，如图4-18所示。

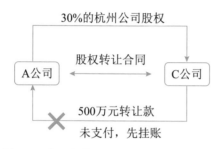

图4-18 将股权转让给过桥公司——C公司

C公司会计分录如下：

借：长期股权投资——杭州公司　　　　565万

　　贷：其他应付款——A公司　　　　565万

A公司应纳税所得额=500-375=125(万元)；

A公司应交企业所得税=125×25%=31.25(万元)。

然后，C公司将其持有的杭州公司30%股权，以1150万元转让给B公司，如图4-19所示。

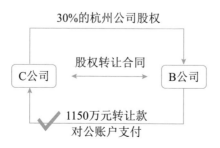

图4-19 C公司将股权转让给B公司

于是，C公司账上收到1150万元的现金，支付欠A公司的股权转让款500万元，剩余650万元形成C公司的利润(假设没有其他的费用支出)，但C公司亏损700万元，可以计算出C公司最终的利润=-700+650=-50(万元)。

关键是C公司账上的650万元，如何合法支取？实操中，C公司以咨询服务费形式，将650万元汇入A公司的对公账户。

此时，C公司利润=-50-650=-700(万元)，等亏损公司履行完它的历史使命后再注销也不迟！总之，亏损公司是个"宝"，老板遇到它，要好好利用。

方案4比方案1节税数额=212.5-31.25=181.25(万元)。

二、工资发放的节税方案

> **案例4-9** **年薪36万元，筹划后税负为6.075%**

平时与老板聊天，笔者经常会问老板拿多少月薪及领多少年薪？有些老板会说：发什么工资？公司是我的，我缺钱就去公司拿，发工资还要交税呢！

这种操作对中小微企业老板而言很正常，他们常常公私不分。

有些老板说，如果给我发工资的话，就少发些工资，比如每月发5000元，一分钱税都不用交。其实老板不交个人所得税，弊大于利，主要有以下两点原因。

(1) 老板个人没有缴税纪录，可能会影响以后的贷款，例如经营贷，银行可能让老板提供个人所得税的完税证明。

(2) 老板省下来的工资，无形中增加了企业的利润，未来企业分红时，先交25%的企业所得税，再分到老板个人时交20%的个人所得税，综合税负达到40%！

有些老板说，我月工资为1万元，年终奖不拿了，缺钱就向公司借款。可问题是，借款终究是要还的。另外根据税法规定，老板或股东向公司借款超过1年且未在年底前归还，又没有用在经营上的，视同分红，需要缴纳20%的个人所得税。

那么，老板给自己定多少年薪合适？

笔者认为老板的年薪为36万~48万元比较合适。若不考虑股东分红部分，老板的年薪可分为两大块，一是月工资，二是年终奖。

(1) 月薪为2万元的情况下，假设老板免税扣除额为5000元/月，社保及公积金为2500元/月，专项附加扣除额为2000元/月，如表4-14所示。

表4-14 老板的年薪结构

项目	金额/元
年薪总额	360 000
年工资	240 000
年终奖	120 000
基本扣除费用	60 000
五险一金	30 000
专项附加扣除	24 000
年工资应纳税额	126 000

老板年工资应纳税额=240 000-60 000-30 000-24 000=126 000(元)，对应10%的税率。按年换算后的综合所得税率如表4-15所示。

表4-15 按年换算后的综合所得税率表

级数	全年应纳税所得额	税率	速算扣除数/元
1	不超过36 000元的	3%	0
2	超过36 000元至144 000元的	10%	2520
3	超过144 000元至300 000元的	20%	16 920
4	超过300 000元至420 000元的	25%	31 920
5	超过420 000元至660 000元的	30%	52 920
6	超过660 000元至960 000元的	35%	85 920
7	超过960 000元的	45%	181 920

因此，老板年工资应交个人所得税=年工资应纳税额×适用税率-速算扣除数=126 000×10%-2520=10 080(元)。

(2) 年终奖为12万元。根据财税〔2018〕164号文件规定，年终奖不并入当年综合所得，以全年一次性奖金收入除以12个月得到的数额，按月换算后的综合所得税率表(见表4-16)确定适用税率和速算扣除数，单独计算纳税。计算公式为

应交个人所得税=全年一次性奖金收入×适用税率-速算扣除数

表4-16 按月换算后的综合所得税率表

级数	全月应纳税所得额	税率	速算扣除数/元
1	不超过3000元的	3%	0
2	超过3000元至12 000元的	10%	210
3	超过12 000元至25 000元的	20%	1410
4	超过25 000元至35 000元的	25%	2660
5	超过35 000元至55 000元的	30%	4410

（续表）

级数	全月应纳税所得额	税率	速算扣除数/元
6	超过55 000元至80 000元的	35%	7160
7	超过80 000元的	45%	15 160

因此，老板应交个人所得税=120 000×10%-210=11 790(元)。

2019年，我国实施新一轮个人所得税改革，引入综合所得税制，这也就意味着以前单独计税的年终奖，个人所得税改革后，将纳入全年综合计税。

当时，为使修改后的个人所得税法平稳实施，财政部明确为年终奖单独计税优惠设置3年过渡期，规定在2021年12月31日后取得的全年一次性奖金，并入当年综合所得。

2021年12月29日，国务院常务会议将全年一次性奖金不并入当月工资薪金所得、实施按月单独计税的政策延至2023年底。

举例：张三获得1万元年终奖，按照表4-16优惠政策计算，只适用3%最低个人所得税税率，缴纳300元个人所得税，个人实际到手年终奖有9700元。

如果这项政策到期后不延续，那么张三的综合所得收入适用的超额累进税率最高可达到25%，那么1万元年终奖很可能适用25%税率，需要缴纳2500元个人所得税，实际到手年终奖为7500元。

于是，我们可以计算出老板年薪为36万元时的税负率=(10 080+11 790)/360 000=6.075%，如表4-17所示。

表4-17　老板应交的个人所得税情况

项目	个人所得税
年工资应交个人所得税	10 080元
年终奖应交个人所得税	11 790元
应纳个人所得税总额	21 870元
税后收入	338 130元
税负率	6.075%

所以老板看完本书后，建议把自己的年薪调整至36万元！同时可以节省企业所得税9万元。

最后笔者建议，老板可以在不同公司发放这36万元，例如某老板有3个子公司，一个公司发12万元，虽然到汇算清缴时交纳的个人所得税相同，但是社保基数下降了，因为社保基数只算一个公司的。

其实，老板可以多开设几个公司，税务筹划空间更大一些。

第四节
老板须知的税收政策

富兰克林说："人的一生有两件事不可避免，一是死亡，二是纳税。"因此我们在给企业做咨询项目时，一开始就会考虑税务筹划事宜，避免企业未来的高成本补税。

一、小微企业的税收优惠政策

对于老板来说，首先要掌握小微企业的税收优惠政策，并能运用到股权转让及税务筹划中去。

笔者列出了小微企业涉税的相关政策，如表4-18所示。

表4-18　小微企业的税收优惠政策

标准	涉及税种	优惠政策	政策文件
小型微利企业(简称"小微企业")是指从事国家非限制和禁止行业，且同时符合以下三个条件的企业： (1) 年度应纳税所得额不超过300万元； (2) 从业人数不超过300人； (3) 资产总额不超过5000万元	增值税	对于月销售额15万元以下的小规模纳税人免征增值税	财税〔2021〕11号
	企业所得税	(1) 应纳税所得额100万元以下，实际税率为2.5%； (2) 应纳税所得额100万元到300万元，实际税率为10%	财税〔2021〕12号、财税〔2019〕13号
	房产税	对于小规模纳税人的房产税，最高减征50%	财税〔2019〕13号
	印花税	对于小规模纳税人的印花税，最高减征50%	财税〔2019〕13号
	残疾人就业保障金	对于在职职工总数30人(含)以下的企业暂免征收残保金	发改价格规〔2019〕2015号

案例4-10　小微企业如何计算企业所得税

A企业符合小微企业条件，2021年第1季度应纳税所得额为50万元。A企业在第1季度预缴申报时，可享受小微企业所得税优惠政策。

实际应纳所得税额=50×12.5%×20%=1.25(万元)，减免所得税额=50×25%-1.25=11.25(万元)。

A企业2021年第1～2季度累计应纳税所得额为150万元。A企业第2季度预缴申报时，可继续享受小微企业所得税优惠政策。

根据财税公告2022年第13号公告的规定，A企业实际应纳所得税额=100×12.5%×20%+(150-100)×50%×50%×20%=2.5+2.5=5(万元)，减免所得税额=150×25%-5.0=32.5(万元)。

二、与个人股权转让相关的重要税务文件

只要你是老板，你就要了解一些税务问题。例如，在哪种情形下不用交个人所得税？在哪种情形下进行股权转让时需要评估？税务机关对个人股权转让有哪些核定办法？

有两个税务文件与老板的利益及股权激励息息相关，即国家税务总局公告〔2014〕67号及财税〔2016〕101号。

(一) 国家税务总局公告〔2014〕67号(《股权转让所得个人所得税管理办法(试行)》)节选及解读

第二条　本办法所称股权是指自然人股东(以下简称个人)投资于在中国境内成立的企业或组织(以下统称被投资企业，不包括个人独资企业和合伙企业)的股权或股份。

解读：合伙企业的合伙人转让其在合伙企业的财产份额并不适用67号公告，若未来出台《合伙企业合伙人所得税管理办法》，应该在这类文件中明确处理规则。

第三条　本办法所称股权转让是指个人将股权转让给其他个人或法人的行为，包括以下情形：

（一）出售股权；

（二）公司回购股权；

解读：如果回购的对象是公司，应该进行减资处理。

（三）发行人首次公开发行新股时，被投资企业股东将其持有的股份以公开发行方式一并向投资者发售；

（四）股权被司法或行政机关强制过户；

解读：股东因经济纠纷被法院强制执行，股权作为其财产当然属于司法强制执行标的，法院可以对查封的股权进行拍卖或变卖，无须征求股东的意愿。

（五）以股权对外投资或进行其他非货币性交易；

解读：要求以股权出资的，该股权应当权属清楚、权能完整、依法可以转让，且不得具有下列情形：一是已被设立质权；二是股权所在公司章程约定不得转让。

（六）以股权抵偿债务；

（七）其他股权转移行为。

第四条　个人转让股权，以股权转让收入减除股权原值和合理费用后的余额为应纳税所得额，按"财产转让所得"缴纳个人所得税。

第十二条　符合下列情形之一，视为股权转让收入明显偏低：

（一）申报的股权转让收入低于股权对应的净资产份额的。其中，被投资企业拥有土地使用权、房屋、房地产企业未销售房产、知识产权、探矿权、采矿权、股权等资产的，申报的股权转让收入低于股权对应的净资产公允价值份额的。

解读：例如，李四将其持有的A公司30%股权转让，初始投资成本为100万元，A公司的净资产账面价值为1000万元，若李四以低于300万元的价格转让，就属于公告中规定的转让收入偏低的情形。

（二）申报的股权转让收入低于初始投资成本或低于取得该股权所支付的价款及相关税费的。

解读：不能将这种情况一刀切地认定为转让收入明显偏低，要结合被投资企业的净资产情况，例如被投资企业连续亏损，账面净资产比实收资本等还低，并且这个企业没有土地、房屋等值钱的资产。

（三）申报的股权转让收入低于相同或类似条件下同一企业同一股东或其他股东股权转让收入的。

解读：应进一步细化。例如低于同一企业的股权转让收入，这里面还应该考虑企业所处的不同阶段以及国家宏观的产业政策等。

(四) 申报的股权转让收入低于相同或类似条件下同类行业的企业股权转让收入的。

(五) 不具合理性的无偿让渡股权或股份。

(六) 主管税务机关认定的其他情形。

第十三条　符合下列条件之一的股权转让收入明显偏低，视为有正当理由：

(一) 能出具有效文件，证明被投资企业因国家政策调整，生产经营受到重大影响，导致低价转让股权；

解读：企业能出具有效文件，证明被投资企业因国家政策调整，生产经营受到重大影响，导致低价转让股权。证明时应提供相关政策依据，包括文件名称、文号、主要内容等。

(二) 继承或将股权转让给其能提供具有法律效力身份关系证明的配偶、父母、子女、祖父母、外祖父母、孙子女、外孙子女、兄弟姐妹以及对转让人承担直接抚养或者赡养义务的抚养人或者赡养人；

解读：证明时应提供结婚证、户籍证明、户口本或公安机关出具的其他证明资料原件及复印件，或能够证明赡养、抚养关系的民政部门出具的相关证明资料的原件及复印件。

因此，股权代持人最好是直系亲属。

(三) 相关法律、政府文件或企业章程规定，并有相关资料充分证明转让价格合理且真实的本企业员工持有的不能对外转让股权的内部转让；

解读：证明时应提供相关法律、政府文件、企业章程、内部转让协议等。

(四) 股权转让双方能够提供有效证据证明其合理性的其他合理情形。

解读：除了直系亲属之间转让是比较明确的，其他三项都涉及税务人员的"自由裁量权"，出于执法风险的考虑，税务机关不会轻易认可股权转让收入明显偏低有正当理由。

因此，除非你有十足把握，否则不要轻易出现股权转让收入明显偏低的情况。

第十四条　主管税务机关应依次按照下列方法核定股权转让收入

（一）净资产核定法

股权转让收入按照每股净资产或股权对应的净资产份额核定。

被投资企业的土地使用权、房屋、房地产企业未销售房产、知识产权、探矿权、采矿权、股权等资产占企业总资产比例超过20%的，主管税务机关可参照纳税人提供的具有法定资质的中介机构出具的资产评估报告核定股权转让收入。

6个月内再次发生股权转让且被投资企业净资产未发生重大变化的，主管税务机关可参照上一次股权转让时被投资企业的资产评估报告核定此次股权转让收入。

（二）类比法

1. 参照相同或类似条件下同一企业同一股东或其他股东股权转让收入核定；

2. 参照相同或类似条件下同类行业企业股权转让收入核定。

（三）其他合理方法

主管税务机关采用以上方法核定股权转让收入存在困难的，可以采取其他合理方法核定。

（二）财税〔2016〕101号（《关于完善股权激励和技术入股有关所得税政策的通知》）节选及解读

一、对符合条件的非上市公司股票期权、股权期权、限制性股票和股权奖励实行递延纳税政策

（一）非上市公司授予本公司员工的股票期权、股权期权、限制性股票和股权奖励，符合规定条件的，经向主管税务机关备案，可实行递延纳税政策，即员工在取得股权激励时可暂不纳税，递延至转让该股权时纳税。股权转让时，按照股权转让收入减除股权取得成本以及合理税费后的差额，适用"财产转让所得"项目，按照20%的税率计算缴纳个人所得税。

解读：如果严格遵循"激励对象必须是本公司员工"的要求，那么意味着下属子公司的员工将不适用财税〔2016〕101号文的条件，无法获得税收递延优惠，因为站在授予股权的法人主体的角度上，他并不是"本公司"员工。而现实中，具有一定规模或者跨业务领域经营的企业，广泛存在核心员工或管理层员工的劳动关系归属于集团内其他公司的情况。

但在实操中，大多数地方的税务机关在解读财税〔2016〕101号文时，只认可将股权激励标的公司下属分公司的员工纳入递延缴税的适用范围，子公司员工无法享受这一政策。

股权转让时，股票(权)期权取得成本按行权价确定，限制性股票取得成本按实际出资额确定，股权奖励取得成本为零。

解读：首先，把原来获得股权、转让股权的两次征税，合并为转让股权这一次征税，从而达到递延纳税的效果。其次，未来员工转让股权时，视作财产转让所得并按20%的固定税率缴纳个人所得税。与之前的累进税率的最高档45%相比，理论上可以降低20%左右的税赋。

(二) 享受递延纳税政策的非上市公司股权激励(包括股票期权、股权期权、限制性股票和股权奖励，下同)须同时满足以下条件：

1. 属于境内居民企业的股权激励计划。

2. 股权激励计划经公司董事会、股东(大)会审议通过。未设股东(大)会的国有单位，经上级主管部门审核批准。股权激励计划应列明激励目的、对象、标的、有效期、各类价格的确定方法、激励对象获取权益的条件、程序等。

3. 激励标的应为境内居民企业的本公司股权。股权奖励的标的可以是技术成果投资入股到其他境内居民企业所取得的股权。激励标的股票(权)包括通过增发、大股东直接让渡以及法律法规允许的其他合理方式授予激励对象的股票(权)。

4. 激励对象应为公司董事会或股东(大)会决定的技术骨干和高级管理人员，激励对象人数累计不得超过本公司最近6个月在职职工平均人数的30%。

5. 股票(权)期权自授予日起应持有满3年，且自行权日起持有满1年；限制性股票自授予日起应持有满3年，且解禁后持有满1年；股权奖励自获得奖励之日起应持有满3年。上述时间条件须在股权激励计划中列明。

6. 股票(权)期权自授予日至行权日的时间不得超过10年。

7. 实施股权奖励的公司及其奖励股权标的公司所属行业均不属于《股权奖励税收优惠政策限制性行业目录》范围。公司所属行业按公司上一纳税年度主营业务收入占比最高的行业确定。

(三) 本通知所称股票(权)期权是指公司给予激励对象在一定期限内以事先约定的价格购买本公司股票(权)的权利；所称限制性股票是指公司按照预先确定的条件授予激励对象一定数量的本公司股权，激励对象只有工作年限或业绩目标符合股权激励计划规定条件的才可以处置该股权；所称股权奖励是指企业无偿授予激励对象一定份额的股权或一定数量的股份。

(四) 股权激励计划所列内容不同时满足第一条第(二)款规定的全部条件，或递延纳税期间公司情况发生变化，不再符合第一条第(二)款第4至6项条件的，不得享受递延纳税优惠，应按规定计算缴纳个人所得税。

二、对上市公司股票期权、限制性股票和股权奖励适当延长纳税期限

上市公司授予个人的股票期权、限制性股票和股权奖励，经向主管税务机关备案，个人可自股票期权行权、限制性股票解禁或取得股权奖励之日起，在不超过12个月的期限内缴纳个人所得税。

三、对技术成果投资入股实施选择性税收优惠政策

(一) 企业或个人以技术成果投资入股到境内居民企业，被投资企业支付的对价全部为股票(权)的，企业或个人可选择继续按现行有关税收政策执行，也可选择适用递延纳税优惠政策。

选择技术成果投资入股递延纳税政策的，经向主管税务机关备案，投资入股当期可暂不纳税，允许递延至转让股权时，按股权转让收入减去技术成果原值和合理税费后的差额计算缴纳所得税。

(二) 企业或个人选择适用上述任一项政策，均允许被投资企业按技术成果投资入股时的评估值入账并在企业所得税前摊销扣除。

(三) 技术成果是指专利技术(含国防专利)、计算机软件著作权、集成电路布图设计专有权、植物新品种权、生物医药新品种，以及科技部、财政部、国家税务总局确定的其他技术成果。

(四) 技术成果投资入股，是指纳税人将技术成果所有权让渡给被投资企业、取得该企业股票(权)的行为。

四、相关政策

(一) 个人从任职受雇企业以低于公平市场价格取得股票(权)的，凡不符合递延纳税条件，应在获得股票(权)时，对实际出资额低于公平市场价格的差额，按照"工资、薪金所得"项目，参照《财政部国家税务总局关于个人股票期权所得征收个人所得税问题的通知》(财税〔2005〕35号)有关规定计算缴纳个人所得税。

(二) 个人因股权激励、技术成果投资入股取得股权后，非上市公司在境内上

市的，处置递延纳税的股权时，按照现行限售股有关征税规定执行。

（三）个人转让股权时，视同享受递延纳税优惠政策的股权优先转让。递延纳税的股权成本按照加权平均法计算，不与其他方式取得的股权成本合并计算。

（四）持有递延纳税的股权期间，因该股权产生的转增股本收入，以及以该递延纳税的股权再进行非货币性资产投资的，应在当期缴纳税款。

（五）全国中小企业股份转让系统挂牌公司按照本通知第一条规定执行。

企业只要做内部股权激励，就离不开这份重要税务文件——财税〔2016〕101号。老板应从税务角度审视合伙人制度的可操作性，笔者把该文件内容概括为四大要点，如图4-20所示。

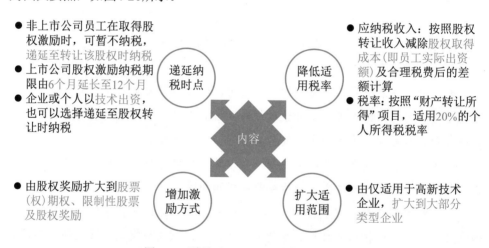

● 非上市公司员工在取得股权激励时，可暂不纳税，递延至转让该股权时纳税
● 上市公司股权激励纳税期限由6个月延长至12个月
● 企业或个人以技术出资，也可以选择递延至股权转让时纳税

递延纳税时点

降低适用税率

● 应纳税收入：按照股权转让收入减除股权取得成本（即员工实际出资额）及合理税费后的差额计算
● 税率：按照"财产转让所得"项目，适用20%的个人所得税税率

内容

● 由股权奖励扩大到股票（权）期权、限制性股票及股权奖励

增加激励方式

扩大适用范围

● 由仅适用于高新技术企业，扩大到大部分类型企业

图4-20　财税〔2016〕101号的四大要点

案例4-11　6名员工通过D有限合伙企业持股能否递延纳税

C公司为调动员工积极性，于2021年9月对公司在职的6名核心员工实行股权激励，C公司将D有限合伙企业作为员工持股平台。

大股东张三将其持有的C公司13%的股权，以3.0元/股的低价转让给持股平台——D合伙企业（有限合伙），共195万元，即6名被授予人通过持有D合伙企业份额间接持有C公司股份，如表4-19所示。

表4-19 合伙人持有股份数量

序号	姓名	所属部门	职务	个人股份占合伙企业股份比例	个人股份占公司股份比例	对应公司股份数量/股	转让价格/元/股	转让金额/元
1	A	总经办	副总经理	19.00%	3.8%	190 000	3.0	570 000
2	B	财务部	主管	12.50%	2.5%	125 000	3.0	375 000
3	C	销售中心	总监	12.50%	2.5%	125 000	3.0	375 000
4	D	研发中心	资深工程师	10.00%	2.0%	100 000	3.0	300 000
5	E	采购部	经理	6.00%	1.2%	60 000	3.0	180 000
6	F	人力资源部	总监	5.00%	1.0%	50 000	3.0	150 000
合计				65.0%	13.0%	650 000	——	1 950 000

6名核心员工承诺解锁条件为两个，第一个解锁条件为公司收入达2亿元，第二个解锁条件为公司收入达4亿元，并且承诺公司上市成功后3年内不出售股份。

C公司净资产股权价格为6.0元/股，第三方评估价为10.0元/股。

问题1：本案例中的股权激励是否符合财税〔2016〕101号文对股权激励的定义？

回答：101号文规定，对符合条件的非上市公司股票期权、股权期权、限制性股票和股权奖励实行递延纳税政策，文件中对这几种股权激励模式进行了定义，笔者将本案例和财税〔2016〕101号文的几种定义做逐条比对，如表4-20所示。

表4-20 股权激励的三种模式

序号	激励模式	定义	C公司情况
1	股票(权)期权	公司给予激励对象在一定期限内以事先约定的价格购买本公司股票(权)的权利	不符合
2	限制性股票	公司按照预先确定的条件授予激励对象本公司股权，激励对象只有在工作年限或业绩目标符合股权激励计划规定的条件时才可以处置该股权	符合
3	股权奖励	公司无偿授予激励对象一定数量的股权	不符合

通过以上分析，判断C公司选择的激励方式为限制性股票，但是财税〔2016〕101号文中规定的是购买本公司股权，而本案例中激励对象通过购买合伙企业份额的方式间接购买C公司的股权，实务中是否符合股权激励的定义仍存在争议。

问题2：是否需要计算缴纳个人所得税？

回答：笔者认为存在以下两种观点。

观点一：应缴纳个人所得税。

财税〔2016〕101号文第四条第(一)项规定："个人从任职受雇企业以低于公平市场价格取得股票(权)的，凡不符合递延纳税条件，应在获得股票(权)时，对实际出资额低于公平市场价格的差额，按照'工资、薪金所得'项目缴纳个人所得税。"

这是因为激励对象获得了利益(即低价购买公司股票)，存在个人所得税纳税义务。

观点二：无须缴纳个人所得税

财税〔2016〕101号文第一条第(二)项规定："激励标的应为境内居民企业的本公司股权。"但本案例中员工持有的是持股平台的股权或财产份额，税务机关一般倾向于不穿透。

因此，当大股东张三以3.0元/股向持股平台D合伙企业转让股权时，应当做一般投资行为来分析处理。由于转让价格低于净资产份额，税务机关有权按照国家税务总局公告〔2014〕第67号质疑股东申报的股权转让收入明显偏低。

若企业未申报正当理由，大股东张三可能会被主管税务机关按照6.0元/股核定其股权转让收入。若案例中的交易被认定为非股权激励，则仅涉及合伙企业股权转让行为，无论股权转让价格是否公允，6名激励对象均不涉及缴纳个人所得税。

问题3：是否可适用递延纳税政策？

回答：根据财税〔2016〕101号文的规定，C公司在同时符合7个条件的情况下，经向主管税务机关备案，可实行递延纳税政策。

但是，财税〔2016〕101号文并未对激励对象通过合伙企业持有C公司的股权做出明确的规定，需与主管税务机关沟通后才有定论。

第五章

合伙资本规划

——股权增值，上市圆梦

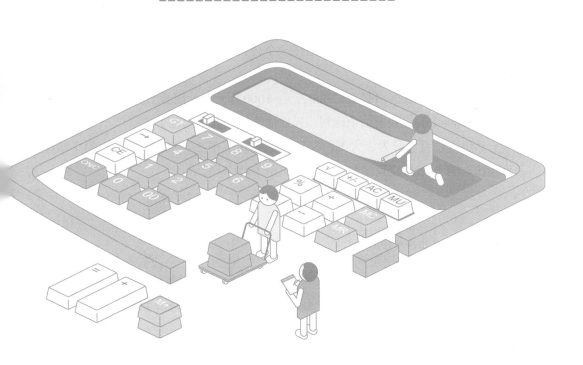

只有合伙人制度与资本无缝对接，才能解决合伙的"流动性"问题，即"流水不腐，户枢不蠹"。而外部流动性在资本市场上的表现主要有两个方面，即定价与交易。

定价涉及公司估值问题，而交易又与资本市场密不可分。

第一节
如何对公司进行估值

在实操中，无论我们对内做合伙激励，还是对外做融资，都离不开一个话题——估值，即公司值多少钱？

估值又有投前估值与投后估值之分，例如，被投资企业注册资金为1000万元，你投资了2000万元，占20%股份，意味着投后估值=2000万元÷20%=1亿元。

那投前估值是多少呢？大家记住一个公式就行了，即投后估值=投前估值+投入金额。

因此，投前估值=1亿元-2000万元=8000万元，此时投资人所占股份比例=2000÷8000=25%，投前估值比例与投后估值比例居然相差了5%。

估值方法可以分为三大类：收入法(包括市盈率法、市净率法、市销率法)、市场法、成本法(博克斯法和注册资金法)，如图5-1所示。

1	2	3
市盈率(PE)法 市净率(PB)法 市销率(PS)法	现金流折现 (DCF)法	博克斯法 注册资金法
收入法	市场法	成本法

图5-1　估值方法汇总

一、市盈率(PE)法

市盈率(price earnings ratio，简称PE)是通过净利润来估值的方法，指企业以目前的盈利水平，需要多少年才能完全收回成本。对于上市公司来说，市盈率=每股股价/每股收益。

假设你在二级市场上以5.0元/股的价格买入某上市公司股票，每股收益=0.8元/股，PE=5.0/0.8=6.25，即6.25年才能收回成本。

对于一个正常盈利的公司而言，净利润保持不变的话，大约10倍市盈率是合适的，因为10倍的倒数为1/10，即10%，刚好对应一般投资者要求的股权投资回报率。

对于一个亏损的公司，市盈率指标就失效了。

另外，还存在一个选哪一年的利润作为市盈率基数的问题。

案例5-1 以不同年数利润计算的公司估值为何相差10倍

某公司连续5年的利润情况如表5-1所示。

表5-1 某公司连续5年利润一览表

第1年	第2年	第3年	第4年	第5年
100万元	50万元	20万元	80万元	200万元

如果PE=10，选第3年利润来估值，则公司估值=20×10=200(万元)；如果选第5年利润来估值，则公司估值=200×10=2000(万元)，两者居然相差10倍！

在实操中，需要以公司5年利润的平均值来估值，(100+50+20+80+200)/5=90(万元)。所以，公司估值=90×10=900(万元)。

PE法是最常见的估值方法。但PE法未考虑企业的净资产情况，且容易受到人为操纵。

二、市净率(PB)法

市净率(price to book ratio，简称PB)法是通过净资产来估值的方法，指净资产的多少倍等于公司估值。大家知道，净资产=所有者权益=资产-负债。

理论上来说，大部分净资产是股东经营所形成的，体现为"未分配利润"；小部分净资产是外部投资人溢价形成的，体现为"资本公积金"。

运用PB法时要考虑三个因素：

一是资本公积金，因为资本公积金与员工努力程度无关；

二是公司可能当期利润为负数，但未分配利润为正数；

三是公司可能当期利润为正数，但未分配利润为负数。

实操中，如果公司采取PB法进行估值，员工进入与退出的方法要一致，例如员工进入时用净资产扣减资本公积金，那么员工退出时也应扣除。

一般PB的倍数会大于1，非上市公司的PB倍数一般为2～5倍。

PB法优点在于税务机关认可，而不足之处在于当PB为零或负数时，就失去了估值的意义了。

案例5-2　子公司总经理按市净率法退股后如何换算成集团的持股比例

某药业集团注册资金为5000万元，经过7年的发展已陆续裂变出多个子公司，其中医疗器械子公司A公司股权架构为集团持股90%，总经理张三持股10%；药品子公司B公司股权架构为集团持股90%，总经理李四持股10%。

因经营需要，把张三及李四调至集团工作，任副总裁，分管全国的医疗器械及药品流通业务。

为确保他们能公平对待所管辖板块的区域子公司，他们应退出在子公司的全部股份，改为在集团持股。

1. 集团估值

此时涉及集团及子公司的估值问题，经商议采取PB法。集团2021—2025年合并报表后的估值测算如表5-2所示。

表5-2　集团公司的估值

类别	实际值	预测值					平均
	2020年	2021年	2022年	2023年	2024年	2025年	
集团公司净资产(PB)/元	88 825 776	106 590 931	127 909 117	153 490 941	184 189 129	221 026 955	158 641 415

按PB估值法，5年以上同行业非上市公司估值倍数为2～5倍，取2.5倍，我们可以计算出集团的对外估值=1.59×2.5=3.98(亿元)(未考虑无形资产、公司品牌、渠道、团队、固定资产、设备等)。

本着内外有别的原则，经商议确定对集团内部员工估值为1.5亿元(相当于3.8折)，因此集团股票每股价格为3.0元/股(对应注册资本5000万元)。优惠力度较大！

2. A公司估值及张三退股

(1) A公司估值。A公司2020年账面净资产约为2798万元，集团对A公司2021—2025年五年的净资产进行了预测，确定平均净资产约为5000万元，即A公司估值=5000万元，占集团估值的31.5%，如表5-3所示。

表5-3 A公司的估值

类别	实际值	预测值					平均
	2020年	2021年	2022年	2023年	2024年	2025年	
A公司净资产(PB)/元	27 980 119	33 576 143	40 291 372	48 349 646	58 019 576	69 623 491	49 972 046

(2) 张三退股。2015年8月，A公司注册资金为1000万元(注：全体股东均已实缴到位)，张三对A公司出资100万元，占10%股份，入股时价格=1.0元/股。

截至2021年3月，A公司未分配利润为2600.5万元，估值为5000万元。

2021年3月，张三退出时每股价格=5000/1000=5.0(元)。张三退出金额=5000×10%=500(万元)，张三10%股份对应的未分配利润为260.05万元，因此张三合计退出金额=260.05+500=760.05(万元)。

此款项不直接汇入张三的个人账户，而直接抵扣张三对集团的出资。

集团为解决高管持股问题，设立了有限合伙企业，第一期用于激励的股份比例为20%，授予张三5.0%的股权，授予李四3%的股权。我们可以计算出张三在集团的股份数量=5000×5.0%=250(万股)，同样可以计算出张三在有限合伙企业的财产份额=5.0%/20%=25%。

张三的出资金额=250万股×3.0元/股=750万元。

集团本着多退少补的原则，退回张三出资款=760.05-750=10.05(万元)，如表5-4所示。

表5-4 A公司应补给张三的退出款

张三	入股时间	2015年8月
	A公司注册资金/万元	1000
	张三出资金额/万元	100
	股份比例	10.0%
	未分配利润	260.05
	A公司2021年3月估值/万元	5000
	每股价格/元	5.0
	股份退出折算金额/万元	500
	退出合计/万元	760.05
	进入集团公司的核算	
	集团公司估值/万元	15 000
	集团公司注册资金/万元	5000
	每股价格/元	3.0
	持股平台在集团持股比例	20.0%
	张三在持股平台股份比例	25.0%
	张三间接在集团公司持股比例	5.0%
	授予张三股份数量/万股	250
	出资金额/万元	750
	差额/万元	10.05

3. B公司估值及李四退股

(1) B公司估值。B公司2020年账面净资产约为1563万元，其中未分配利润为894.3万元。集团对B公司2021—2025年五年的净资产进行了预测，确定平均净资产约为2792万元，确定B公司估值=2800万元，占集团估值的18.67%，如表5-5所示。

表5-5 B公司的估值

类别	实际值	预测值					平均
	2020年	2021年	2022年	2023年	2024年	2025年	
B公司净资产(PB)/元	15 633 337	18 760 004	22 512 005	27 014 406	32 417 287	38 900 744	27 920 889
集团公司净资产(PB)/元	88 825 776	106 590 931	127 909 117	153 490 941	184 189 129	221 026 955	158 641 415

(2) 李四退股。2018年2月，B公司注册资金为1000万元(注：全体股东均已实缴到位)，李四对B公司出资100万元，占10%股份，入股时价格=1.0元/股。

同理，我们可以计算出2021年3月B公司估值、李四退股资金及李四对集团授予的3.0%股权的出资情况，如表5-6所示。

表5-6　李四应补给B公司的退出款

	入股时间	2018年2月
李四	B公司注册资金/万元	1000
	出资金额/万元	100
	股份比例	10.0%
	未分配利润/万元	89.43
	B公司2021年3月估值/万元	2800
	每股价格/元	2.8
	股份退出折算金额/万元	280
	退出合计/万元	369.43
	进入集团公司的核算	
	集团公司估值/万元	15 000
	集团公司注册资金/万元	5000
	每股价格/元	3.0
	持股平台在集团持股比例	20.0%
	李四在持股平台股份比例	15.0%
	李四间接在集团公司持股比例	3.0%
	授予李四股份数量/万股	150
	出资金额/万元	450
	差额/万元	−80.57

最终李四获得集团3.0%的股权，需要补足出资额80.57万元。

三、其他4种估值方法

1. 市销率(PS)法

市销率法(price to sales ratio，简称PS)是按销售收入进行估值的方法，指销售收入的多少倍等于公司估值。

对初创公司进行估值，市销率比市盈率更适合。因为很多创业公司净利润为负、现金流为负、账面价值也很低，只有销售额较为稳定，哪怕是预测销售额。

从普遍数据来看，以销售额的1～3倍进行估值，是能被大多数投资人接受的。

使用市销率法进行估值有三个优点：一是销售收入稳定，波动性小；二是销售收入不受公司折旧、存货、非经常性收支的影响，不像利润那样易被操控；三是销售收入不会出现负值，不会出现没有意义的情况，即使净利润为负也可使用这种方法进行估值。

使用市销率法进行估值的缺点是，它无法反映公司的成本控制能力，即使成本上升、利润下降，只要不影响销售收入，市销率依然不变。

因此，市销率法在对互联网企业、电商企业或值钱但不赚钱的企业进行估值时用得比较多。

2. 现金流折现(DCF)法

折现现金流(discounted cash flow，DCF)法是一种动态的估值方法，即把未来公司赚的钱，折算到现在，进而对公司进行估值。

例如，你开的餐馆一年赚20万元，假设持续营业5年。现在投资人给你20万元买你这家餐馆，你卖吗？

你肯定不卖。因为未来5年每年都可以赚20万元，买入后第二年就回本了。如果你卖100万元，那别人肯定也不会买的，为什么？

因为，现在的100万元与10年后的100万元能一样吗？ 假设每年通货膨胀率为5%，餐馆5年利润折算表如表5-7所示。

表5-7　餐馆5年利润折算表

内容	金额/万元
第一年利润	20
第二年利润折算到第一年	$20 \times (1-5\%) = 19$
第三年利润折算到第一年	$20 \times (1-5\%)^2 = 18.05$
第四年利润折算到第一年	$20 \times (1-5\%)^3 = 17.1$
第五年利润折算到第一年	$20 \times (1-5\%)^4 = 16.3$

最后，把5年的利润加起来，于是得到这家餐馆的估值为90.45万元。但品牌、客户资源这些无形的资产未计算进去。

这里面有一个很重要的前提条件是每年都能盈利20万元。

总之，现金流折现法最重要的三个变量是现金流、折现率、现金流的持续时间。而现金流折现法的局限性就在于这三者的准确性问题。

3. 博克斯法

博克斯法由美国人首创，适用于对初创期的企业价值进行评估，主要由5个部分构成，如图5-2所示。

图5-2　博克斯法

这种方法的好处是将初创企业的价值与各种无形资产的联系清楚地展现出来，简单易行。

但美国的估值法并不一定适合我们的国情，例如董事会值100万元，大家知道绝大部分的初创公司是没有所谓的董事会的，创始人一个人说了算。

另外投资人也精明了，靠几张PPT就能成功融资的时代已经过去了。

从天使投资人的角度看一个公司的发展阶段，是从零开始，还是已经有部分产品被生产出来了，还是产品已经被客户认可了，都会在估值上有不同的影响。

对于早期创业公司，尤其是还没有成型的、没有现金流的公司，是很难做到准确估值的。

4.注册资金法

注册资金法主要适用于早期的企业，或给内部员工做合伙股权激励时使用，价格一般为1.0元/股，又称为"地板价"。关于这部分内容，笔者就不展开叙述了。

第二节
与投资人打交道的注意事项

公司无论是对内做股权激励，还是对外做融资，都离不开股份来源的问题。而股份来源只有两种：一是股权转让，二是增资扩股，前者来源于存量，后者来源于增量。

一、股权转让与增资扩股

(一) 股权转让

股权转让发生在股东之间,不会引起注册公司的变化,股权转让款是给原股东的,通常称为"老股转让"。

《公司法》第71条规定:"有限责任公司的股东之间可以相互转让其全部或者部分股权。"

股东向股东以外的人转让股权时有4个注意事项:

(1) 其他股东过半数同意 (注:是指人数,不是指表决权比例)。

(2) 在30天内以书面形式通知其他股东。

(3) 其他股东有优先购买权。

(4) 章程可以排除这些规定。

1. 优点

(1) 程序简单。

(2) 有利于股东收回投资款。

在实操中,股东收回投资主要有5种方法:股权转让、公司减资、公司回购股份、公司解散和破产清算。

在这几种方式中,股权转让是股东收回投资款最直接的方法。

2. 缺点

(1) 对债务承担责任。股权转让后,未实缴出资的原股东仍要在未出资的范围内对公司债务承担责任。

(2) 公司未收到钱。转让款进入股东个人腰包,公司的注册资本并没有增加,不会对公司的发展壮大产生有利影响。

(3) 税务成本较高。股东要交25%的企业所得税或20%的个人所得税。

(二) 增资扩股

增资扩股是指新股东投资入股或原股东增加投资,从而增加企业的资本金的行为。通常称为"新股认购",资金进入公司账户。

1. 优点

(1) 公司的注册资本增加，经济实力增强。增资扩股的"资金"可以是现金、实物或知识产权等无形资产 (注：财税〔2015〕41号文件规定：个人以非货币性资产投资，属于个人转让非货币性资产和投资同时发生。对个人转让非货币性资产的所得，应按照"财产转让所得"项目纳税，税率为20%)。

(2) 可以调整股权结构和股东持股比例。

2. 缺点

(1) 程序复杂，增资扩股须经代表2/3以上表决权的股东通过(注："2/3"是指表决权，不是指人数)。

(2) 创始人或老股东的股权被稀释，易导致控制权丧失。

案例5-3 持有20%股权的股东为何成为"大股东"

A公司由甲乙两个股东构成，分别持有60%股权和40%股权，此时增资扩股，引入投资人丙，融资200万元，相应出让A公司20%的股权。

增资扩股后，甲乙股东的股权比例就变成了48%和32%，剩余20%股权是投资人丙持有的股权。

有趣的是，如果丙倒向谁，谁的持股比例就能超过50%，于是丙成为甲与乙拉拢的对象，即"小三说了算"。

(3) 如果未来创始人缺钱，就不能任性地从公司拿钱了。

3. 形式

(1) 按同比例稀释引进新股东。

案例5-4 增资500万元，为何只有25万元进入注册资金

A公司注册资金100万元，甲、乙股东分别占有80%和20%股份。为了公司的发展，股东会决定引进外部投资人丙。经讨论约定A公司投后估值为2500万元，投资人丙出资500万元，占有20%股份。

因此，甲、乙二位股东的股份要同比例稀释出20%给投资人丙，此时甲、乙、丙三位股东的股份比例变成64%、16%、20%。

请问，A公司注册资金会增加多少呢？

笔者给大家一个增资的计算公式，即用X代表新增加的注册资金，然后用$X/(X+100万)=20\%$，可以得出$X=25万$，即A公司注册资金由原来的100万元增加到了125万元。

那剩余的375万元到哪里去了呢？进入A公司的"资本公积金"会计科目里面了，未来资本公积金可以转增A公司的注册资金(注：可能有涉税问题)。

(2) 按不同比例稀释引进新股东。

案例5-5 按不同比例增资，为何改变了原股东持股的比例

D公司注册资金600万元，由股东甲与乙各出资300万元，各占50%股份，注册资金已全部实缴到位。股东之间约定了分工，股东甲负责市场及研发，股东乙则分管人事、财务及制造。

现在D公司决定增资400万元。股东甲看好D公司未来的发展前景，认为现在不赚钱没关系，再坚持一下，两年后会有大的收获，愿意在新增加的注册资金中认缴380万元。

而股东乙认为D公司目前的业务已不符合国家的政策导向了，再投钱进来意义不大，早点转型可能是D公司的出路，但出于对朋友个人的信任，愿意认缴20万元，但条件是不参与D公司的日常经营与管理了。

这是典型的股东对公司发展方向有分歧后的选择问题。于是，双方签订了新公司章程，改变了原有股东的出资比例。

增资后甲股东持股比例=(300万+380万)/1000万=68%；

增资后乙股东持股比例=(300万+20万)/1000万=32%。

(三) 两者区别

股权转让与增资扩股的区别如表5-8所示。

表5-8 股权转让与增资扩股的区别

项目	股权转让	增资扩股
股权来源	老股转让，存量；转让款给原股东	新股增发，增量；增加资金进入公司账户
股权稀释	不稀释	稀释
注册资金	不变	变动
法律程序	30天内通知其他股东，其他股东有优先购买权	需要召开股东会，经2/3及以上表决权股东同意
税务事项	20%个人所得税或25%企业所得税	不涉税

二、投资协议的9个关键条款

对于创业者而言，收到投资方的投资意向书是一件令人开心的事情，但开心之余也要注意投资协议中有没有陷阱。

专业的投资协议通常有几十页，对于创始人来说不容易理解，有些创始人不怎么细看投资意向书就签字了，等到幡然醒悟时，为时已晚。

案例5-6 漏看一条投资协议，历时5年官司

2009年9月10日，云南红塔集团决定将其持有的6581.39万股云南白药股份转让，新华都实业集团董事长陈发树以33.54元/股的价格买进，股权转让总价达22.07亿元，并在随后的5个工作日内一次性把款项付清。

陈发树成为云南白药的二股东似乎已是铁板钉钉的事情。

但合约中有一条规定：本次股份转让事项须报相关有权国有资产监督管理机构审核批准后方能组织实施。

协议签订后股份转让一事却长期搁置，直至778天之后，中国烟草才给出了明确批复，称"为确保国有资产保值增值，防止国有资产流失"，拒绝此次股份转让交易。

当时出任新华都集团总裁不久的唐骏高调宣称："整个收购过程，我们只跟红塔方面见了一面，我花了十分钟时间读了一下股权转让协议，觉得没有问题，就让陈总签字了。"此后新华都却陷入了漫长等待，相关股权交割转让协议一直处于等待报请批准状态。

2011年12月8日，陈发树向云南省高级人民法院提起诉讼，请求确认与被告云南红塔集团之间的股份转让协议合法有效，判令云南红塔集团全面继续履行。

2012年12月28日，云南省高级人民法院对陈发树起诉云南红塔集团一案做出一审判决，判定陈发树与云南红塔集团有限公司2009年9月10日签订的《股份转让协议》合法有效，同时驳回了原告陈发树的其他诉讼请求。

2014年7月23日，云南红塔集团收到最高人民法院《民事判决书》。内容如下：

(1) 撤销云南省高级人民法院(2012)云高民二初字第1号民事判决；

(2) 云南红塔集团自判决生效之日起10日内向陈发树返还22.07亿元本金及利息；

(3) 驳回陈发树的其他诉讼请求。

经过数年的利润分配，云南红塔集团目前所持云南白药股份数量已增至8555.81万股，按云南白药2014年7月23日收盘价51.61元计算，市值达44.16亿元。

随着最高人民法院的落槌宣判，意味着这一切已与陈发树无关。

1. 估值条款

(1) 投资方式。投资方式包括增资扩股和股权转让两种。

(2) 投前与投后估值。两种估值方式相差较大，对于创始人，尽量在投资协议里明示估值方式为"投后估值"。

(3) 创始人是否实缴出资。一般投资人会要求创始人把认缴而未缴足的出资补实，因此创始人最好早些把注册资金实缴到位。

(4) 投资款处理。投资人关注资金的流向，一般不愿意看到创始人变现退出。实操中，创始人可以与投资人约定部分变现的条款。

2. 回购条款

(1) 触动条件。回购条款的触动条件包括中途退出或上市退出两种。

(2) 回购价格。入股本金与对应的经审计的净资产，取两者孰高者。

【范文参考】

1.1 当出现以下情况时，投资方有权要求标的公司或原股东回购投资方所持有的全部公司股份。

1.1.1 不论任何主观或客观原因，标的公司不能在2023年12月31日前实现首次公开发行股票并上市，该等原因包括但不限于标的公司经营业绩方面不具备上市条件，或由于公司历史沿革方面的不规范未能实现上市目标，或由于参与公司经营的原股东存在重大过错、经营失误等原因造成公司无法上市等；

1.1.2 在2023年12月31日之前的任何时间，原股东或公司明示放弃本协议项下的标的公司上市安排或工作；

1.1.3 当公司累计新增亏损达到投资方进入时以2023年12月31日为基准日公司当期净资产的30％时。

1.2 本协议项下的股份回购价格应按以下两者较高者确定。

1.2.1 按照本协议第三条规定的投资方的全部出资额及自从实际缴纳出资日起至原股东或者公司实际支付回购价款之日按年利率10%计算的利息(复利)。

1.2.2 回购时投资方所持有股份所对应的公司经审计的净资产。

1.3 本协议项下的股份回购均应以现金形式进行，全部股份回购款应在投资方发出书面回购要求之日起2个月内全额支付给投资方。投资方之前从公司所收到的所有股息和红利可作为购买价格的一部分予以扣除。

1.4 如果公司对投资方的股份回购行为受到法律的限制，原股东应作为收购方，应以其从公司取得的分红或从其他合法渠道筹措的资金收购投资方持有的公司股份。

3. 治理结构条款

(1) 董事提名权。一般来说，创始人的底线是至少控制过半数的董事会席位。

(2) 一票否决权。当投资人持股比例低于33.4%时，要求拥有对股东会特殊事项的一票否决权，此时创始人轻易不应同意此要求。

【范文参考】

1.1　各方同意并保证，投资完成后，标的公司董事会成员应不超过×人，投资方有权提名1人担任标的公司董事，各方同意在相关股东大会上投票赞成上述投资方提名的人士出任公司董事。标的公司应在办理营业执照变更的同时办理董事变更手续。标的公司新董事会至少每半年召开一次董事会会议。

1.2　各方同意并保证，所有标的公司董事、监事和高级管理人员的任职资格均应当符合有关法律法规的规定，不应具有对公司后续上市构成障碍的情形。当上述任何一方提名的董事、监事辞任或者被解除职务时，由提名该名董事、监事的一方继续提名继任人选，各方应保证在相关股东大会上投票赞成该人士担任公司董事、监事。

1.3　原股东和标的公司同意并保证，投资完成后，标的公司的财务总监、会计师事务所和律师事务所的聘任或解聘必须取得投资方的同意或认可。

1.4　在标的公司首次公开发行股票并上市前，以下主要事项应当按照修订后的公司章程所规定的决策机制由公司董事会或者股东大会审议通过，如系董事会决议事项，则必须经标的公司董事会中至少一名投资方董事的投票确认方可形成决议；如系股东大会决议事项，则须经出席股东会议的股东或股东代表所持表决权三分之二以上，并且同时需要甲方的股东代表同意，方可形成决议：

1.4.1　增加或者减少注册资本；

1.4.2　公司合并、分立、被收购、解散、清算或者变更公司形式；

1.4.3　公司业务范围、本质和/或业务活动的重大改变；

1.4.4　公司向银行单笔贷款超过××××(原则上500万元)或累计超过××××(原则上1000万元)；

1.4.5　对外担保；

1.4.6　对外提供贷款；

1.4.7　对公司及其子公司的股东协议、备忘录及章程条款的增补、修改或删除；

1.4.8　将改变或变更任何股东的权利、义务或责任，或稀释任何股东的所有权比例的任何诉讼；

1.4.9　股息或其他分配的宣告和派发及公司股息政策的任何改变；

1.4.10 聘请或更换公司审计师；

1.4.11 设立投资额超过××(原则上100万元)的参、控股子公司、合资企业、合伙企业，或以转让、增资或其他形式处置上述单位的投资；

1.4.12 超过经批准的年度预算10%的资本性支出；

1.4.13 公司上市计划；

1.4.14 公司新的融资计划；

1.4.15 聘任或解聘公司总经理、副总经理、董事会秘书或财务总监等公司高级管理人员；

1.4.16 利润分配方案；

1.4.17 其他可能对公司生产经营、业绩、资产等产生重大影响的事宜。

4. 反稀释条款

(1) 优先认购权。例如，某公司注册资金为1000万元，投资机构A投资500万元，占20%股权比例，全体股东已实缴到位。

此时公司新的注册资金=1000+(1000×20%)/(1-20%)=1250(万元)。

该公司因经营需要拟引进新的投资机构B，投资机构B拟投资1000万元，占10%股权比例，此时投资机构A为保持20%股权比例不变，行使优先购买权，即A投资机构按比例认购出资额=(1250×10%)/(1-10%)×20%≈27.78(万元)。

(2) 最低价条款。例如，投资机构A的每股价格=500/250=2.0(元)，投资机构B的每股价格=1000/138.88≈7.2(元)。

最低价意味着后继的投资机构B的出资不得低于2.0元/股。

【范文参考】

1.1 各方同意，本协议签署后，标的公司以任何方式引进新投资者的，应确保新投资者的投资价格不得低于本协议投资方的投资价格。

1.2 本协议拟议的投资完成后，标的公司以任何形式进行新的股权融资，投资方股东有权按所持股份比例享有优先购买权。

1.3 如新投资者根据某种协议或者安排导致其最终投资价格或者成本低于本协议投资方的投资价格或者成本，则标的公司应将其间的差价返还投资方，或由原股东无偿转让所持标的公司的部分股份给投资方，直至本协议投资方的投资价格与新投资者投资的价格相同。投资方有权以书面通知的形式要求标的公司或者原股东履行上述义务。

1.4 各方同意，投资完成后，如标的公司给予任一股东(包括引进的新投资者)的权利优于本协议投资方享有的权利，则本协议投资方将自动享有该等权利。

5. 竞业禁止条款

(1) 范围。一般投资人会与创始人签订相应的竞业禁止条款，例如不得开设与本公司相同或相近的业务。

(2) 期限。竞业禁止条款应明确说明竞业期限是有一定年限的，还是终身有效的。

(3) 补偿。竞业禁止条款应明确说明违反情况下的赔偿条款。

【范文参考】

1.1 未经投资方书面同意，原股东不得单独设立或以任何形式(包括但不限于以股东、合伙人、董事、监事、经理、职员、代理人、顾问等身份)参与设立新的生产同类产品或与公司业务相关联的其他经营实体，作为管理层的公司股东不得在其他企业兼职，无论该企业从事何种业务。

1.2 原股东和公司承诺，应促使公司主要管理人员和核心业务人员与公司签订《竞业禁止协议》，该等协议条款和形式应令投资方满意并且至少包括以下内容。

在任职期间不得以任何形式从事或帮助他人从事与公司形成竞争关系的任何其他业务经营活动，在离开公司2年内不得在与公司经营业务相关的企业任职。

另外，还应约定在任职期间不得在其他任何公司或营利性组织中兼职。

1.3 原股东同意，如果公司上述主要管理人员和技术人员违反《竞业禁止协议》，致使标的公司或投资方的利益受到损害，除该等人员须赔偿公司及投资方损失外，原股东应就标的公司或投资方遭受的损失承担连带赔偿责任。

6. 回购条款

(1) 触动。投资人可能中途变现退出。例如，天使轮的投资人要求被投资企业在B轮融资时出售50%股权，在C轮融资时出售剩余的50%股权。

(2) 价格。回购价格一般不低于账面净资产与上一轮的融资价格。

(3) 其他。例如，投资人退出时，公司现金不足，怎么办？回购条款应予规定。

7. 领售权条款

(1) 触动。例如，对赌失败，投资人带头向外部第三人转让股权时，创始人也要以相同的价格，按同比例或不同比例将股权转让给相同的收购者。

(2) 受让方限制。例如，创始人要求不得将股权转让给非竞争对手。

8. 清算优先权

(1) 回收的倍数。创始人要留意投资协议中是否有此条款，可以按账面净资产或投资人本金的倍数回收投资人所持有的股权。

(2) 个人连带责任。如果创始人无钱偿还债务，是否应签订个人对债务的担保协议？实操中应尽量避免此条款。

案例5-7 **俏江南对赌协议中的三个致命条款**

2008年，鼎辉资本给俏江南投资近2亿元，占10.53%股份。俏江南与鼎晖资本签订了"对赌协议"，主要条款如图5-3所示，这也为创始人张兰出局埋下了伏笔。

股份回购条款　领售权条款　清算优先权

图5-3　俏江南对赌协议的主要条款

1. 股份回购条款

如果非鼎晖资本方面原因，造成俏江南无法在2012年底前上市，鼎晖资本有权以回购方式退出俏江南，而且必须保证鼎晖的合理回报。

2012年俏江南首次公开募股失败，按照股份回购条款，俏江南应回购鼎晖资本的股份。假设鼎晖资本在协议中要求每年20%的回报率，那么2亿元的原始投资，2013年要求退出的回购金额在4亿元以上。经营困难的俏江南掏不出钱，于是触动了"领售权条款"。

2. 领售权条款

如果鼎晖资本卖了自己的股权还不够弥补投资成本，则必定要求张兰跟着卖股权，只要两者合计出售股权的比例超过50%，就可以视为清算事件。

3. 清算权条款

一旦清算事件发生，"清算优先权"开始发挥作用，A类股东有权优先普通股东获得相当于初始购买价格2倍的回报。

2014年，CVC资本发布公告，宣布完成对俏江南的收购，CVC资本最终以3亿美元的价格收购了俏江南82.7%的股份，除了鼎晖资本出售的10.53%股份，其余超过72%的股份为张兰所售。

CVC资本入主俏江南之后，张兰成为小股东。

9. 知情权

(1) 修订公司章程。例如，创始人团队持有90%股份，投资人持有10%股份，此时公司打算引进某私募股权基金。按照《公司法》规定，代表公司超过2/3表决权的股东表决通过可以修订公司章程，此时创始人团队是否把此决定提前告诉持有10%股份的投资人？实践中是需要的，因为这是股东知情权的一部分。

(2) 资产处置。处置高价值的设备、房产、无形资产时，是否需要提前通知投资人？这需要看股东协议是如何规定的，实践中大部分公司会规定投资人知情权的范围，例如处置原值超过500万元的设备时，需提前通知投资人。

(3) 财务知情权。

【范文参考】

1.1　投资方享有作为股东所享有的对公司经营管理的知情权和进行监督的权利，投资方有权取得公司财务、管理、经营、市场或其他方面的信息和资料，投资方有权向公司管理层提出建议并听取管理层关于相关事项的汇报。公司应按时给投资方提供以下资料和信息。

1.1.1　每季度最后一日起30日内，提供月度合并管理账，含利润表、资产负债表和现金流量表；

1.1.2　每年度结束后45日内，提供公司年度合并管理账；

1.1.3 每年度结束后120日内，提供公司年度合并审计账；

1.1.4 在每财务年度结束前至少30天，提供公司年度业务计划、年度预算和预测的财务报表。

第三节
如何规划上市路径

一般来说，企业上市有两种渠道：一是首次公开募股(IPO，initial public offering，是指一家企业第一次向公众出售它的股份)；二是借壳上市，例如绿地集团借壳金丰上市、顺丰借壳鼎泰新材上市等。

笔者重点介绍第一种渠道，首次公开募股。

如果有限责任公司有上市的发展计划，首先要进行的就是股份制改造，即将有限责任公司改造成股份有限公司。

一、用十步法完成上市前的公司改造

1. 公司成立

2014年5月，A公司成立，注册资金300万元，在工商部门登记的股东结构为B公司占90%股份，自然人张三占10%股份，这10%的股份是张三代李四持有的，即李四是实际出资人(注：因李四是政府公务员，不方便公开持股，故由其堂弟张三代为持有)。A公司股权架构如图5-4所示。

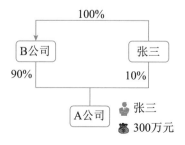

图5-4 A公司股权架构(代持股份)

2014年12月，A公司经过半年多的运营，因前期市场开发支出过大，本年度亏损50万元，此时A公司的所有者权益简表如表5-9所示。

表5-9 A公司的所有者权益简表(截至2014年底)

项目	金额/万元
实收资本	300
资本公积	0
盈余公积	0
未分配利润	−50
所有者权益	250

2. 公司首次分红

2016年12月，A公司终于迎来了高光时刻，本年度盈利380万元，弥补亏损后A公司净利润为330万元。

在实控人李四的主持下，A公司股东会做出决议，提取10%法定公积金后给全体股东分红90万元，于是A公司2016年底的所有者权益简表如表5-10所示。

表5-10 A公司的所有者权益简表(截至2016年底)

项目	金额/万元
实收资本	300
资本公积	0
盈余公积	33
未分配利润	(−50+380)−33−90=207
所有者权益	540

A公司应交企业所得税=0元；

张三应交个人所得税=90×10%×20%=1.8(万元)。

3. 增资

2017年10月，A公司股东会做出决议，同意增资至500万元，其中新增加的200万元中，B公司认购30万元，张三认购170万元，因此A公司的股权架构如图5-5所示。

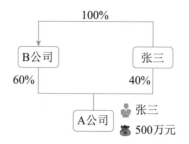

图5-5 A公司股权架构(增资200万元)

这是典型的股东之间按不同比例增资的做法！截至2017年底，A公司赚了550万元，因此得出A公司的所有者权益简表如表5-11所示。

表5-11 A公司的所有者权益简表(截至2017年底)

项目	金额/万元
实收资本	300+200=500
资本公积	0
盈余公积	33+55=88
未分配利润	207+550-55=702
所有者权益	1290

4. 股权还原

2018年3月，李四辞去公务员满2年，张三将其所持有的股份全部还给李四，大家知道股份还原等同于股权转让，因此张三应交个人所得税=(1290-500)×40%×20%=63.2(万元)。

对于实控人张三来说，个人所得税有点多，有什么办法少交或不交呢？

国家税务总局公告〔2014〕67号第13条规定："符合下列条件之一的股权转让收入明显偏低，视为有正当理由：(一) 能出具有效文件，证明被投资企业因国家政策调整，生产经营受到重大影响，导致低价转让股权；(二) 继承或将股权转让给其能提供具有法律效力身份关系证明的配偶、父母、子女、祖父母、外祖父母、孙子女、外孙子女、兄弟姐妹以及对转让人承担直接抚养或者赡养义务的抚养人或者赡养人。"

鉴于张三与李四是堂兄弟，他们共同的亲戚是爷爷，一个80多岁的老人，接下来就可以将股权以1元转让了，具体步骤如图5-6所示。

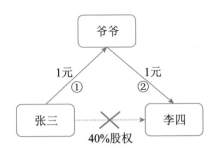

图5-6　1元股权转让的步骤

最终张三就不用交63.2万元的个人所得税了。

同时张三退出了在B公司的全部股份，改为由李四及其亲妹李小妹持股，A公司及B公司法定代表人均变更为李四，此轮股权转让变更结果如图5-7所示。

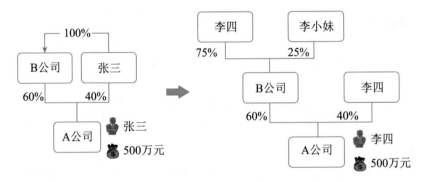

图5-7　李四股权还原

5. 员工持股平台以股权转让方式进入公司

2018年A公司的利润为800万元。2018年12月，李四将其持有的A公司25%的股份转让给员工持股平台——有限合伙企业1(注：15名核心员工共出资100万元，普通合伙人为李小妹)，A公司股权架构如图5-8所示。

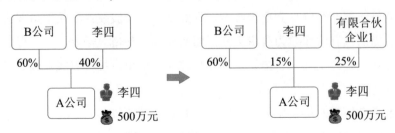

图5-8　新设员工持股平台

因为A公司以0.8元/股给员工做股权激励，所以产生了股份支付(注：《企业会计准则第11号》规定，股份支付是指企业为获取职工和其他方提供服务而授予权益工具或者承担以权益工具为基础确定的负债的交易，将当期取得的服务计入当期费用，同时计入资本公积中的其他资本公积)。A公司增加的费用=1290×25%-100=222.5(万元)，当年A公司利润=800-222.5=577.5(万元)，未分配利润=577.5×90%=519.75(万元)。

于是我们得到了A公司2018年底的所有者权益简表，如表5-12所示。

表5-12　A公司的所有者权益简表(截至2018年底)

项目	金额/万元
实收资本	500
资本公积	0
其中：其他资本公积——股份支付	222.5
盈余公积	88+57.75=145.75
未分配利润	702+577.5-57.75=1221.75
所有者权益	2090

6. 投资机构C以增资扩股方式进入公司

2019年6月，某投资机构C公司非常看好A公司的发展前景及运营团队，经商议以增资形式出资2000万元，占25%股份。此时A公司股权架构如图5-9所示。

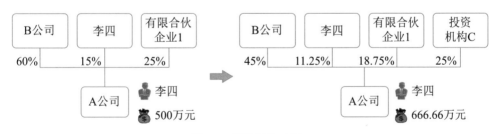

图5-9　投资机构C进入

此时A公司注册资金由500万元增加至666.66万元(500+500×25%/75%)。剩余1833.34万元(2000-166.66)进入A公司的资本公积科目。

投资机构C的每股价格=2000/166.66≈12.0(元/股)。

2019年A公司的利润为1000万元。同理，我们得到了A公司2019年底的所有者权益简表，如表5-13所示。

表5-13　A公司的所有者权益简表(截至2019年底)

项目	金额/万元
实收资本	500+166.66=666.66
资本公积	1833.34
其中：其他资本公积——股份支付	222.5
盈余公积	110.25+100=210.25
未分配利润	1221.75+1000-100=2121.75
所有者权益	5054.5

7. 股东同比例增资

2020年7月，A公司股东会决定增资至1000万元(注：未考虑1—6月利润)，全体股东同比例增资，A公司股权架构变动情况如图5-10所示。

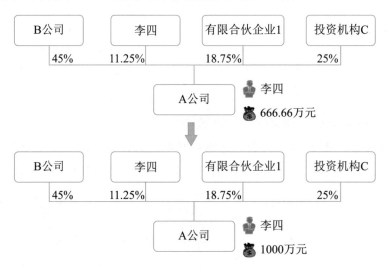

图5-10　股东同比例增资

此时，A公司的所有者权益简表如表5-14所示。

表5-14　A公司的所有者权益简表(截至2020年7月)

项目	金额/万元
实收资本	666.66+333.34=1000
资本公积	1833.34
其中：其他资本公积——股份支付	222.5
盈余公积	210.25
未分配利润	2121.75
所有者权益	5387.84

8. 资本公积及未分配利润转增股本

2020年9月，A公司考虑到未来有引进大型风险投资机构及上市计划，应尽早合理处置资本公积及未分配利润，否则未来股改前转增注册资本/股本的税务成本太大了。

因此，全体股东同意将资本公积(注：其他资本公积除外)与未分配利润(合计3955.09万元)转增注册资本/股本，A公司注册资金变化情况如图5-11所示。

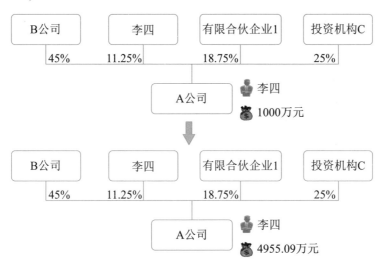

图5-11 未分配利润及公积金转增股本

请问，B公司、投资机构C、李四及有限合伙企业1是否应交税呢？笔者分析如下。

1) 法人股东

(1) 《企业所得税法》第26条规定：企业的下列收入为免税收入：符合条件的居民企业之间的股息、红利等权益性投资收益。

因此，用未分配利润转增股本时，B公司、投资机构是法人公司，不交企业所得税。

(2) 国税函〔2010〕79号《国家税务总局关于贯彻落实企业所得税法若干税收问题的通知》第4条规定："被投资企业将股权(票)溢价所形成的资本公积转为股本的，不作为投资方企业的股息、红利收入，投资方企业也不得增加该项长期投资的计税基础。"

资本溢价形成的资本公积转为股本，在税务上不确认收入，自然就不缴纳企业所得税,当然也不能增加投资方的长期股权投资计税成本。

因此,用资本公积金转增股本时,B公司、投资机构是法人公司,不交企业所得税。

2) 自然人李四

A公司用未分配利润转增注册资本/股本时,李四应该交个人所得税。

为便于大家理解,笔者整理了A公司用资本公积转增注册资本/股本时,自然人是否交税的相关法规,如表5-15所示。

表5-15 资本公积转增股本的税务规定

政策法规	具体规定
《国家税务总局关于股份制企业转增股本和派发红股免征个人所得税的通知》(国税发〔1997〕第198号)	股份制企业用资本公积金转增股本不属于股息、红利性质的分配,对个人取得的转增股本数额,不作为个人所得,不征收个人所得税
《国家税务总局关于进一步加强高收入者个人所得税征收管理的通知》(国税发〔2010〕第54号)	对以未分配利润、盈余公积和除股票溢价发行外的其他资本公积转增注册资本和股本的,要按照利息、股息、红利所得项目,依据现行政策规定计征个人所得税
《国家税务总局关于股权奖励和转增股本个人所得税征管问题的公告》(国家税务总局公告〔2015〕第80号)	(1) 非上市及未在全国中小企业股份转让系统挂牌的其他企业转增股本,应及时代扣代缴个人所得税 (2) 上市公司或在全国中小企业股份转让系统挂牌的企业转增股本(不含以股票发行溢价形成的资本公积转增股本),按现行有关股息红利差别化政策执行
《财政部 国家税务总局关于将国家自主创新示范区有关税收试点政策推广到全国范围实施的通知》(财税〔2015〕第116号)	自2016年1月1日起,全国范围内的中小高新技术企业以未分配利润、盈余公积、资本公积向个人股东转增股本时,个人股东一次缴纳个人所得税确有困难的,可根据实际情况自行制定分期缴税计划,在不超过5个公历年度内(含)分期缴纳,并将有关资料报主管税务机关备案。 个人股东获得转增的股本,应按照"利息、股息、红利所得"项目,适用20%税率征收个人所得税
《股权转让所得个人所得税管理办法(试行)》(国家税务总局公告〔2015〕第80号)	被投资企业以资本公积、盈余公积、未分配利润转增股本,个人股东已依法缴纳个人所得税的,以转增额和相关税费之和确认其新转增股本的股权原值

鉴于A公司是非股份制企业而且不是高新技术企业，因此A公司用资本公积转增注册资本/股本时李四应交个人所得税。

李四应交个人所得税=3955.09×11.25%×20%≈89(万元)，且没有递延交税的税收优惠政策。

但李四认为随着投资人陆续进入及企业利润持续增加，在这个时间节点交纳不到一百万元的个人所得税还是值得的，何况未来A公司有上市的计划。

因此，股东的持股形式决定了未来的税务成本，顶层设计太重要了。

A公司的所有者权益简表(2020年底)如表5-16所示。

表5-16　A公司的所有者权益简表(截至2020年底)

项目	金额/万元
实收资本	1000+3955.09=4955.09
资本公积	0
其中：其他资本公积——股份支付	222.5
盈余公积	210.25
未分配利润	0
所有者权益	5387.84

9. 员工持股平台及大型私募股权基金以增资扩股方式进入公司

1) 员工持股平台增资进入

2021年3月，A公司股东会通过决议，同意员工持股平台——有限合伙企业2以增资方式进入A公司，占20%股权，所有股东的股权同比例稀释。

有限合伙企业2共有50名核心员工，以12.0元/股(注：不能低于2019年6月投资机构C的价格)的价格对A公司出资1400万元，每位员工平均出资28万元。

此时A公司注册资金=4955.09+4955.09×20%/80%=4955.09+1238.7725=6193.8625(万元)。溢价的161.2275万元(1400-1238.7725)进入A公司的"资本公积"科目。

有限合伙企业2进入后的A公司股权架构如图5-12所示。

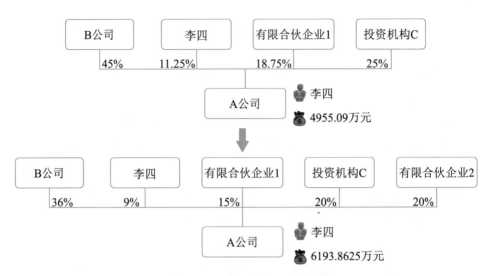

图5-12　合伙企业2进入后的股权架构

2) 大型私募股权基金增资进入

2021年5月，A公司全体股东同意引进某大型私募股权基金——有限合伙企业D，该基金通过增资方式出资5000万元，占20%股权，投后估值2.5亿元。

我们可以计算出A公司注册资金=6193.8625+6193.8625×20%/80%=6193.8625+1548.465 625=7742.328 125(万元)。溢价的3451.534 375万元(5000-1548.465 625)进入A公司的"资本公积"科目。

此时，A公司股权架构变更情况如图5-13所示。

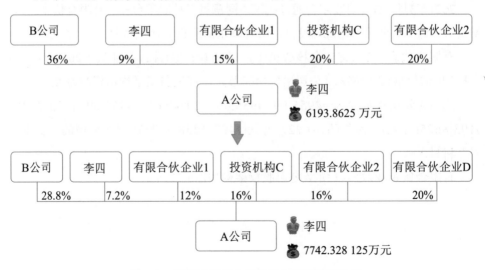

图5-13　私募股权基金增资进入后的股权架构

我们计算一下A公司所有者权益简表中的数字，其中已知2021年底A公司扣非后净利润为7150万元，如表5-17所示。

表5-17 A公司的所有者权益简表(截至2021年底)

项目	金额/万元
实收资本	6193.8625+1548.465 625=7742.328 125
资本公积	161.2275+3451.534 375=3612.761 875
其中：其他资本公积——股份支付	222.5
盈余公积	210.25+715=925.25
未分配利润	7150-715=6435
所有者权益	18 937.84

10. 股份改制

2022年5月，股东会同意A公司增资至10 000万元，全体股东按所持比例认缴2257.671 875万元，10天内全体股东均实缴到位，且会计师事务所出具审计报告(注：未考虑1—3月的未分配利润)，2022年5月1日A公司的所有者权益简表如表5-18所示。

表5-18 增资至1亿元后A公司的所有者权益简表(截至2022年5月31日)

项目	金额/万元
实收资本	7742.328 125+2257.671 875=10 000
资本公积	3612.761 875
其中：其他资本公积——股份支付	222.5
盈余公积	925.25
未分配利润	6435
所有者权益	21 195.511 875

选择哪个资本市场上市是董事长李四首先要解决的问题，然后才是选择哪个券商、会计事务所及律师事务所的问题。

最后，在券商指导下进行股份制改造(注：券商可以提前介入，也可以股改后介入)，即将有限公司变更为股份有限公司。

2022年10月10日，A有限公司股东会做出决议，以2022年5月31日为改制基准日，将A有限公司整体变更为A股份有限公司，全体股东B公司、李四、有限合伙企业1、投资机构C、有限合伙企业2及有限合伙企业D签订了《发起人协议》。

2022年10月21日，发行人召开创立大会暨2022年第一次股东大会，全体股东一致同意A有限公司整体变更为A股份有限公司，以会计师事务所出具的审计报告审定的A有限公司截至2022年5月31日账面净资产21 195.511 875万元，按1：0.4246的比例折合股本9000万股(注：《公司法》第95条规定：有限责任公司变更为股份有限公司时，折合的实收股本总额不得高于公司净资产额)，每股面值1.0元。

对于高于股本总额部分的12 195.511 875万元，计入A股份公司"资本公积"科目。

A股份公司设立时，各发起人持有股份的情况如表5-19所示。

表5-19　A股份公司发起人的持股比例

序号	股东姓名/名称	持股数/万股	持股比例
1	B公司	2592.0	28.8%
2	有限合伙企业D	1800.0	20.0%
3	投资机构C	1440.0	16.0%
4	有限合伙企业2	1440.0	16.0%
5	有限合伙企业1	1080.0	12.0%
6	李四	648.0	7.2%
	合计	9000	100.0%

截至2022年底，A股份公司实现净利润11 646.08万元，扣除非经常性损益后归属于母公司所有者的净利润为9562.5万元。

二、选择哪个资本市场上市

(一) 我国资本市场

1. 我国资本市场历史沿革(如图5-14所示)

1990年11月，上海证券交易所(简称上交所)主板开市。

1990年12月，深圳证券交易所(简称深交所)主板开市。

2004年6月，深交所的中小板开市。

2009年10月，深交所的创业板开市。

2019年6月，上交所的科创板开市，它是我国最先试行注册制的板块。

2021年4月，深交所的主板与中小板合并，统称主板。

2021年11月，北京证券交易所(简称北交所)开市，堪称资本市场里程碑事件。

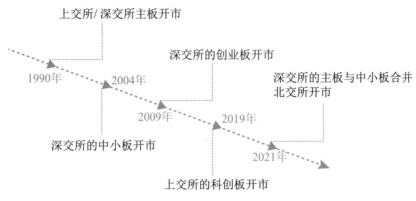

图5-14　我国资本市场历史沿革

笔者重点介绍一下北交所。

2. 北交所

设置北交所的目的是为创新型中小企业建立直接融资渠道，对于中小企业来说这是历史性的大机遇。未来，新三板和北交所会源源不断地培育出众多专精特新公司和行业优质龙头公司。

1) 北交所的前身

北交所的历史可以追溯到2013年试点的"新三板"。"新三板"不能公开发行股票(俗称挂牌)，只能定向增发。目前，新三板的入场门槛降至100万元。"新三板"一直有流动性不足、融资功能弱化等问题。

"新三板"分为三个层级，分别为基础层、创新层和精选层，企业进入这些板块的难度逐级增加。

需要注意的是，以后不再有精选层的概念，即精选层平移至北交所，新三板仅保留基础层和创新层，"新三板"和北交所两个平台将一体运营。

2) 北交所简介

北交所的上市路径及转板路径如图5-15所示。

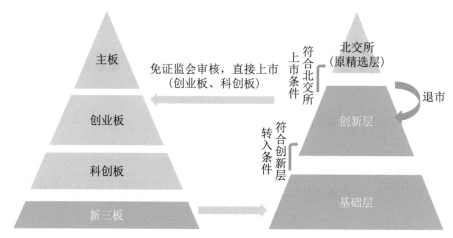

图5-15 北交所的上市路径及转板路径

(1) 北交所上市的两条路径。

通过北交所上市有两条路径，一是在新三板"创新层"直接挂牌，满12个月后申请在北交所上市；二是先在新三板"基础层"挂牌，再升至"创新层"，在两层合计挂牌时间满12个月后可以申请在北交所上市。

(2) 北交所与科创板及创业板的互联互通。

公司在北交所上市一年后(含在精选层挂牌时间)可以转板至科创板或者创业板上市，无须证监会核准，由交易所自行审核决定。

2. 五大板块的定位

目前，拟在A股首次公开募股(IPO)的发行人有5个板块可供选择，分别是上交所主板、深交所主板、上交所科创板、深交所创业板及北交所。各板块的定位如表5-20所示。

表5-20 五大板块的定位

内容	上交所主板/深交所主板	科创板	创业板	北交所
目标公司	稳定增长	硬科技	创新型	创新型中小企业
发展阶段	成熟期	成长期	成长期	成长期
行业定位	成熟行业	战略新兴产业	"三创""四新"	重点支持先进制造业和现代服务业等领域
门槛	较高	中高	中	中低

3. 各板块上市条件对比

在财务指标上，上交所主板、深交所主板条件比较严格，其他三个板块根据企业发展状况和类型的不同有多套标准，可以灵活选择。

笔者对各板块上市条件进行了梳理，如表5-21所示。

表5-21 各板块上市条件

上市标准	上交所主板/深交所主板	科创板	创业板	北交所
市值+净利润或市值+净利润+收入	• 最近3个会计年度净利润均为正且累计超过3000万元； • 最近3个会计年度经营活动产生现金流量净额累计超过5000万元，或最近3个会计年度营业收入累计超过3亿元	• 市值≥10亿元； • 最近2年净利润均为正； • 累计净利润≥5000万元	• 最近2年净利润均为正； • 累计净利润≥5000万元	• 市值≥2亿元； • 最近2年净利润均≥1500万元； • 加权平均ROE≥8%
		• 市值≥10亿元； • 最近1年净利润为正； • 营业收入≥1亿元	• 市值≥10亿元； • 最近1年净利润为正； • 营业收入≥1亿元	• 市值≥2亿元； • 最近2年净利润均≥2500万元； • 加权平均ROE≥8%
市值+收入+研发投入	—	• 市值≥15亿元； • 最近1年营业收入≥2亿元； • 最近3年累计研发投入占最近3年累计营业收入的比例≥15%	—	• 市值≥8亿元； • 最近1年营业收入≥2亿元； • 最近2年累计研发投入合计占最近2年营业收入的比例≥8%
市值+收入+经营活动现金流	—	• 市值≥20亿元； • 最近1年营业收入≥3亿元； • 经营活动产生现金流量净额累计≥1亿元	—	• 市值≥4亿元； • 最近2年营业收入平均≥1亿元； • 最近1年累计营业收入增长率≥30%； • 最近3年经营活动产生现金流量净额为正
市值+收入	—	• 市值≥30亿元； • 最近1年营业收入≥3亿元	• 市值≥50亿元； • 最近1年营业收入≥3亿元	—

(续表)

上市标准	上交所主板/深交所主板	科创板	创业板	北交所
市值+技术优势（研发投入）	—	• 市值≥40亿元； • 符合科创板定位需具备的技术优势或条件	—	• 市值≥15亿元； • 最近2年研发投入合计≥5000万元

(二) 企业如何选择合适的板块上市

对于拟IPO企业而言，上市的选择性增加了，那么该如何选择合适的板块上市呢？

1. 平均市盈率

大家知道，市盈率(PE)=股价/每股收益=股票总市值/公司净利润。市盈率反映上市公司投资价值的大小和风险程度，在公司每年都能稳定盈利的条件下，市盈率越低，投资回本的速度越快。

市盈率的倒数就是投资回报率，即每1元的投资可以获得多少回报。例如，市盈率为10倍，即1年的回报率是10%，也意味着收回成本的时间为10年。

笔者对注册制实行以来各板块新上市公司的平均市盈率做了一个比较，如表5-22所示。

表5-22 各板块的平均市盈率

板块	主板	创业板	科创板	北交所
市盈率	23倍	34倍	54倍	22.2倍

可以看出，科创板的平均市盈率最高。一方面，在公司净利润不变的情况下，市盈率越高，相当于公司市值就越高。另一方面，在市盈率不变的情况下，关键是要提高企业利润。上市公司要做好市值管理，通常的做法是先在二级市场买卖股票，再在一级市场推动并购计划。

从散户的角度来说，市盈率越低越好；但从老板角度呢，正相反。

接本节《用十步法完成上市前的公司改造》案例：经过分析，董事长李四优先考虑在科创板IPO。

1) 选择IPO的标准

根据《上海证券交易所科创板股票发行上市审核规则》第22条，发行人选择的具体上市标准为："预计市值不低于人民币10亿元，最近两年净利润均为正且累计净利润不低于人民币5000万元，或者预计市值不低于人民币10亿元，最近一年净利润为正且营业收入不低于人民币1亿元。"

发行人A股份公司2022年的营业收入为52 065.95万元，扣除非经常性损益后归属于母公司所有者的净利润为9562.5万元，2022年净利润为正且营业收入不低于人民币1亿元。

同时，发行人A股份公司预计市值不低于人民币10亿元。发行人A股份公司符合《上海证券交易所科创板股票发行上市审核规则》第1条第2款的规定。

2) IPO发行价格测算

《证券法》第50条第3款规定："公司总股本不少于人民币3000万元的，公开发行的股份达到公司股份总数的25%以上；公司股本总额超过人民币4亿元的，公开发行股份的比例为10%以上。"

鉴于A股份公司发行公众股数量为2250万股，发行股份的比例为25%(2250÷9000)，则A股份公司的总股本数量=9000+2250=11 250(万股)。

2023年3月，A股份公司开始申报IPO计划。假设A股份公司2022年底扣非归母净利润为9562.5万元，则每股收益=9562.5/11 250=0.85(元/股)，发行价格=54×0.85=45.9(元/股)(注：本案例选取科创板54倍PE测算)。

3) IPO概况(见表5-23)

表5-23 A公司IPO概况

发行股票类型	人民币普通股(A股)
发行股数	本次公开发行新股数量为2250万股，发行数量占公司发行后总股本的比例为25%
占发行后总股本的比例	25%
每股面值	1.00元
每股发行价格	45.9元/股
发行日期	2024年8月8日
拟上市的交易所和板块	上海证券交易所科创板
总发行后总股本	11 250万股
保荐机构(主承销商)	国泰君安证券股份有限公司
招股说明书签署日期	2022年12月30日

4) 李四股权的市值测算

按照李四持有648.0万股进行测算，李四全部股权市值=648.0×45.9=29 743.2(万元)。所以，上市是一个实现财富自由的过程。

5) IPO上市前A股份公司的所有者权益简表(见表5-24)

表5-24　A股份公司的所有者权益简表(IPO上市前)

项目	金额/万元
股本	11 250
资本公积	12 195.511 875
盈余公积	925.25+956.25=1881.5
未分配利润	9562.5-956.25=8606.25
所有者权益	33 933.261 875

2. 净利润规模

从盈利指标上看，相比北交所，创业板、科创板对企业"市值"的要求更高，对企业的净利润规模也提出了更高的要求。

对于暂未实现盈利的企业来说，北交所和科创板更包容、更友好。

3. 审核速度

就审核周期而言，与科创板、创业板相比，虽然北交所的审核时限相对较短，但加上在创新层满12个月的前置条件，整体上市时间会更长一点。

无论是核准制，还是注册制，监管层都支持优质创新企业融资上市。优质企业应抓住机遇，在最适合自己的领域里茁壮成长。

三、首次公开募股(IPO)失败原因分析

知名投资大师查理·芒格曾经说过："你想成功，应该先研究别人是怎么失败的，接着避免做他们那些愚蠢的事情。"

笔者分析了企业IPO失败的原因，如图5-16所示(注：数据来源于中国证监会网站，数据统计时间为2019年1月至2021年12月)。

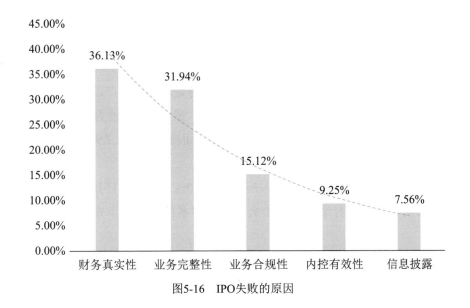

图5-16　IPO失败的原因

(一) 财务真实性

因为财务真实性导致IPO失败的案例数量占36.13%，是IPO失败的第一大原因。笔者概括了一下，财务真实性涉及14个方面因素，如表5-25所示。

表5-25　财务真实性涉及因素

1	收入	8	毛利率
2	应收账款	9	主要客户及供应商
3	固定资产和在建工程	10	重大投资决策
4	存货	11	银行流水
5	成本	12	勾稽关系
6	期间费用	13	行业对标
7	员工薪酬	14	报表差异

(二) 业务完整性

业务完整性主要表现为关联交易、同业竞争及资金占用等，占IPO失败案例数量的31.94%。

1. 关联交易

关联交易有可能使交易的价格、方式等在非竞争的条件下出现不公正情况，形成对股东或部分股东权益的侵犯，也易导致债权人利益受到损害。

监管层通常重点关注大额对外担保、潜在关联交易或遗漏关联交易、供应商突击入股等。

例如，IPO失败的深圳威迈斯，其主营业务是电力电子产品的产、销、研及技术服务。威迈斯2018年净利润为6800万元。威迈斯IPO被否的原因为关联交易，即发行人的第一大客户上汽集团及下属公司持有发行人7.93%的股份，这是典型的客户入股的案例。

第一大客户所贡献的销售收入应控制在20%之内，这样IPO通过的概率会大些。其实大型国企打造一家上市公司是很容易的，第一步先持股，第二步给订单。

2. 同业竞争

控股股东、实际控制人的其他亲属及其控制的企业与发行人存在竞争关系的，应当充分披露前述相关企业在历史沿革、资产、人员、业务、技术、财务等方面对发行人独立性的影响，报告期内交易或资金往来，销售渠道、主要客户及供应商重叠等情况，以及发行人未来有无收购安排。

例如，IPO失败的信利光电，其主营业务为触控模组的生产及销售，信利光电有一个兄弟企业，即信利半导体，两家公司是同行业企业，且存在客户及供应商重合问题，可能有利益输送的嫌疑，可能存在代垫费用导致利润不真实的情况。

现在，创业板及科创板对同业竞争的限制放松了些，允许总收入占比30%以下的同业竞争存在。在IPO申报过程中应尽量避免供应商或客户重合，不要让人感觉有虚构利润或者侵犯上市公司利益的情况。

(三) 业务合规性

业务合规性其实就是法律问题，即发行人或股东是否存在违法违规的情形，企业经营资质有没有问题等。一般中介机构不会为一个有重大法律问题的企业进行申报。

业务合规性主要体现在以下三个方面。

1. 运营过程中的合规性

例如，IPO失败的兆物网络，主营网络信息安全和大数据，2018年净利润超过7300万元，销售收入来源于公安系统，销售业务离不开招标程序，可能存在商业贿赂或不正当竞争问题。

2. 运营过程中的资质及产品质量合规性

例如，IPO失败的墨迹风云，主要提供免费的综合气象服务，它的主要客户是阿里及腾讯，为阿里及腾讯提供的互联网广告服务占墨迹风云全部业务的比例超过90%。

开展广告业务需要相关经营资质，例如，新浪网拥有互联网新闻服务许可，但墨迹风云没有任何资质。

3. 股东及董监高的合规性

例如，IPO失败的申菱环境，主营空调相关设备的制造业务。实控人及监事涉及多起行贿案件，在一些项目中曾向当地的官员行贿。

(四) 内控有效性

例如，2020年12月提交IPO申请的邦彦人力股份有限公司(注：主营业务为信息通信和信息安全设备的研发、制造、销售和服务)，在2022年2月正式提交注册，但在此阶段收到了证监会的问询。

监管层要求其中介机构核查发行人2019年及2020年四季度每笔收入的实物流、资金流、单据流，并就2019年及2020年收入的真实性、是否存在期末突击确认收入情形发表明确核查意见。结合前述核查情况，就发行人会计基础工作是否规范，内控制度是否健全且被有效执行发表明确核查意见。

例如，IPO失败的上海丰科生物科技股份有限公司(注：主营业务为蟹味菇、白玉菇等食用菌菇研发、生产和销售)以自然人银行账号代收销货款，占销售收入比例较高，2008年至2010年分别为56.11%、67.75%和46.39%，且该情形持续至2010年12月。另外，该公司会计基础工作不规范，内部控制存在缺陷。

(五) 信息披露

在信息披露方面，监管层主要关注招股说明书等申请文件是否存在虚假记载、误导性陈述或重大遗漏，如引用数据是否权威、客观，业务模式、竞争地位等披露是否清晰，申请文件的内容是否前后矛盾，申请文件内容与发行人在发审委会议上的陈述内容是否一致等。

信息披露过程中容易出现5个方面的问题。

(1) 对科技创新相关事项披露不充分；

(2) 对企业业务模式披露不清晰；

(3) 对企业生产经营和技术风险披露不到位；

(4) 信息披露语言不友好；

(5) 文件格式和内容安排不规范。

例如，2021年上半年武汉珈创生物人力股份有限公司(注：主营业务为生物制品细胞质量检测及生物安全评估)IPO失败，监管层认为它对核心技术的先进性披露不够充分。

四、选择哪种股权激励模式

上市公司为激发员工的积极性和创造性，实现对优秀人才的激励，往往实施股权激励计划，使员工具有主人翁意识和责任感，从而为公司创造更大效益。

(一) 上市公司股权激励的类型

上市公司股权激励主要包括股票期权及限制性股票两种类型，两者的定义及特征如表5-26所示。

表5-26 股票期权与限制性股票的区别

类别	股票期权	限制性股票
定义	股票期权指上市公司授予激励对象在未来一定期限内以预先确定的价格和条件购买本公司一定数量股票的权利。激励对象有权行使这种权利，也有权放弃这种权利，但不得用于转让、质押或者偿还债务	限制性股票指上市公司按照预先确定的条件在授予日以低于市场价格授予激励对象股票，但该部分股票是处于限售状态的，激励对象需要在每个解除限售日之后、完成业绩条件的情况下，分批解锁该部分股票，才能对股票进行处置
特征	激励对象有权行使这种权利，也有权放弃这种权利，但不得转让、抵押、质押、担保及偿还债务	激励对象只有在工作年限或业绩目标符合股权激励计划规定条件，才可出售限制性股票并从中获益

笔者认为，这两种类型本质上是公司与激励对象之间的一种关于人力资本价值的对赌，而这种对赌就体现在持股价格上。

(二) 上市公司的第一类限制性股票及第二类限制性股票

在注册制推行以后，限制性股票又有了新的种类，称为"第二类限制性股票"，即符合股权激励计划授予条件的激励对象在满足相应获益条件后分次获得并登记的公司股票。

第一类限制性股票比较常见，是现在A股公司中普遍使用的激励方式，即公司先将限制性股票登记在激励对象名下，在锁定期后根据业绩考核情况决定限制性股票解锁与否。

第二类限制性股票在授予时不需出资，在满足获益条件后出资获得公司股票并完成股票归属登记，只要持股员工登记后任职已满12个月，可以不再设置限售期。

这不正是此前所说的期权模式吗？第二类限制性股票已成为科创板及创业板企业实施股权激励的首选方式。

两类限制性股票的区别如表5-27所示。

表5-27　第一类限制性股票与第二类限制性股票的区别

类别	第一类限制性股票	第二类限制性股票
授予定价	不得低于股票票面金额，且原则上不得低于下列价格中较高者： 股权激励计划草案公布前1个交易日的公司股票交易均价的50%； 股权激励计划草案公布前20个交易日、60个交易日或者120个交易日的公司股票交易均价之一的50%	可以低于第一类限制性股票规定的50%底线； 应说明定价依据及定价方式，且聘请独立的财务顾问发表意见
锁定期/归属等待期	锁定期≥12个月	归属等待期≥12个月
每次锁定/归属比例	每次锁定比例≤50%	每次归属比例≤50%
出资时点	授予时一次性出资	分批次于归属时出资
股份登记方式	授予时登记至个人名下	归属时登记至个人名下
注销/回购流程	股东大会审议通过后，对全部/当批次激励股票予以回购注销	全部/当批次限制性股票不得归属，并作废失效

乐鑫科技作为科创板第一家实施股权激励计划的上市公司，进行了大胆的探索。

案例5-8　乐鑫科技的第二类限制性股票计划

上市公司乐鑫科技成立于2008年，主营集成电路设计。2018年乐鑫科技进行股份改制，其股权激励方案要点如表5-28所示。

表5-28　乐鑫科技的第二类限制性股票计划的要点

核心要素	主要内容
激励模式	第二类限制性股票
激励对象	包括公司高级管理人员、核心人员、董事会认为需要激励的其他人员(不包括独立董事、监事、单独合计持有上市公司5%以上股份的股东、上市公司实际控制人及其配偶、父母、子女)，共计21人，其中核心技术人员9人，所占比例为42.86%；外籍员工8人，所占比例为38.1%
激励总量	29.28万股，占本次激励计划草案公布时公司总股本的0.366%
股票来源	定向增发
授予价格	每股65元，公司首次公开发行后首个交易日收盘价的50%
有效期	自限制性股票授予之日起至激励对象获授的限制性股票全部归属或作废失效之日止，最长不超过72个月
资金来源	员工自筹资金
考核指标	公司层面业绩考核：营业收入增长率或毛利增长率 个人层面绩效考核
归属条件	公司未出现不得实施股权激励的情形 激励对象未被认定为不适当人选 满足公司层面业绩考核要求 满足激励对象个人层面绩效考核要求
归属比例	分四期归属：25%、25%、25%、25%
禁售期	• 激励对象为公司董事和高级管理人员的，任职期间每年转让的股份不得超过其所持有本公司股份总数的25%，在离职后半年内，不得转让其所持有本公司股份 • 将其持有的本公司股票在买入后6个月内卖出，或者在卖出后6个月内又买入，由此所得收益归公司所有

最后，笔者借用《你的答案》的歌词送给千千万万的创业者，愿本书能对大家有所帮助。

也许世界就这样

我也还在路上

没有人能诉说

也许我只能沉默

眼泪湿润眼眶

可又不甘懦弱

低着头 期待白昼

接受所有的嘲讽

向着风 拥抱彩虹

勇敢地向前走

黎明的那道光

会越过黑暗

打破一切恐惧我能

找到答案

哪怕要逆着光

就驱散黑暗

丢弃所有的负担

不再孤单

不再孤单

为方便大家对知识点的理解，本书配备了60道练习题及答案，大家可以关注笔者的微信公众号"合伙人课堂"(路径：免费资料—工具包及练习题—第3本书的练习)。